海上絲綢之路基本文獻叢書

十七世紀南洋群島航海記兩種（上）

黄素封　譯述

文物出版社

圖書在版編目（CIP）數據

十七世紀南洋群島航海記兩種．上 / 黄素封譯述
．-- 北京 : 文物出版社，2022.7
（海上絲綢之路基本文獻叢書）
ISBN 978-7-5010-7615-4

Ⅰ．①十… Ⅱ．①黄… Ⅲ．①游記－南洋群島－17世紀 Ⅳ．①K933.09

中國版本圖書館CIP數據核字（2022）第086693號

海上絲綢之路基本文獻叢書
十七世紀南洋群島航海記兩種（上）

譯　　述：黄素封
策　　劃：盛世博閲（北京）文化有限責任公司

封面設計：鞏榮彪
責任編輯：劉永海
責任印製：王　芳

出版發行：文物出版社
社　　址：北京市東城區東直門内北小街2號樓
郵　　編：100007
網　　址：http://www.wenwu.com
經　　銷：新華書店
印　　刷：北京旺都印務有限公司
開　　本：787mm×1092mm　1/16
印　　張：17.125
版　　次：2022年7月第1版
印　　次：2022年7月第1次印刷
書　　號：ISBN 978-7-5010-7615-4
定　　價：98.00圓

總緒

海上絲綢之路，一般意義上是指從秦漢至鴉片戰争前中國與世界進行政治、經濟、文化交流的海上通道，主要分爲經由黄海、東海的海路最終抵達日本列島及朝鮮半島的東海航綫和以徐聞、合浦、廣州、泉州爲起點通往東南亞及印度洋地區的南海航綫。

在中國古代文獻中，最早、最詳細記載『海上絲綢之路』航綫的是東漢班固的《漢書·地理志》，詳細記載了西漢黄門譯長率領應募者入海『齎黄金雜繒而往』之事，書中所出現的地理記載與東南亞地區相關，并與實際的地理狀況基本相符。

東漢後，中國進入魏晉南北朝長達三百多年的分裂割據時期，絲路上的交往也走向低谷。這一時期的絲路交往，以法顯的西行最爲著名。法顯作爲從陸路西行到印度，再由海路回國的第一人，根據親身經歷所寫的《佛國記》（又稱《法顯傳》）一書，詳細介紹了古代中亞和印度、巴基斯坦、斯里蘭卡等地的歷史及風土人情，是瞭解和研究海陸絲綢之路的珍貴歷史資料。

隨着隋唐的統一，中國經濟重心的南移，中國與西方交通以海路爲主，海上絲綢之路進入大發展時期。廣州成爲唐朝最大的海外貿易中心，朝廷設立市舶司，專門管理海外貿易。唐代著名的地理學家賈耽（七三〇～八〇五年）的《皇華四達記》記載了從廣州通往阿拉伯地區的海上交通『廣州通夷道』，詳述了從廣州港出發，經越南、馬來半島、蘇門答臘半島至印度、錫蘭，直至波斯灣沿岸各國的航綫及沿途地區的方位、名稱、島礁、山川、民俗等。譯經大師義净西行求法，將沿途見聞寫成著作《大唐西域求法高僧傳》，詳細記載了海上絲綢之路的發展變化，是我們瞭解絲綢之路不可多得的第一手資料。

宋代的造船技術和航海技術顯著提高，指南針廣泛應用於航海，中國商船的遠航能力大大提升。北宋徐兢的《宣和奉使高麗圖經》詳細記述了船舶製造、海洋地理和往來航綫，是研究宋代海外交通史、中朝友好關係史、中朝經濟文化交流史的重要文獻。南宋趙汝適《諸蕃志》記載，南海有五十三個國家和地區與南宋通商貿易，形成了通往日本、高麗、東南亞、印度、波斯、阿拉伯等地的『海上絲綢之路』。宋代爲了加强商貿往來，於北宋神宗元豐三年（一〇八〇年）頒佈了中國歷史上第一部海洋貿易管理條例《廣州市舶條法》，并稱爲宋代貿易管理的制度範本。

元朝在經濟上採用重商主義政策，鼓勵海外貿易，中國與歐洲的聯繫與交往非常頻繁，其中馬可·波羅、伊本·白圖泰等歐洲旅行家來到中國，留下了大量的旅行記，記録元代海上絲綢之路的盛况。元代的汪大淵兩次出海，撰寫出《島夷志略》一書，記録了二百多個國名和地名，其中不少首次見於中國著録，涉及的地理範圍東至菲律賓群島，西至非洲。這些都反映了元朝時中西經濟文化交流的豐富内容。

明、清政府先後多次實施海禁政策，海上絲綢之路的貿易逐漸衰落。但是從明永樂三年至明宣德八年的二十八年裏，鄭和率船隊七下西洋，先後到達的國家多達三十多個，在進行經貿交流的同時，也極大地促進了中外文化的交流，這些都詳見於《西洋蕃國志》《星槎勝覽》《瀛涯勝覽》等典籍中。

關於海上絲綢之路的文獻記述，除上述官員、學者、求法或傳教高僧以及旅行者的著作外，自《漢書》之後，歷代正史大都列有《地理志》《四夷傳》《西域傳》《外國傳》《蠻夷傳》《屬國傳》等篇章，加上唐宋以來衆多的典制類文獻、地方史志文獻，集中反映了歷代王朝對於周邊部族、政權以及西方世界的認識，都是關於海上絲綢之路的原始史料性文獻。

海上絲綢之路概念的形成，經歷了一個演變的過程。十九世紀七十年代德國地理學家費迪南·馮·李希霍芬（Ferdinad Von Richthofen，一八三三～一九〇五），在其《中國：親身旅行和研究成果》第三卷中首次把輸出中國絲綢的東西陸路稱爲『絲綢之路』。有『歐洲漢學泰斗』之稱的法國漢學家沙畹（Édouard Chavannes，一八六五～一九一八），在其一九〇三年著作的《西突厥史料》中提出『絲路有海陸兩道』，蘊涵了海上絲綢之路最初提法。迄今發現最早正式提出『海上絲綢之路』一詞的是日本考古學家三杉隆敏，他在一九六七年出版《中國瓷器之旅：探索海上的絲綢之路》中首次使用『海上絲綢之路』一詞；一九七九年三杉隆敏又出版了《海上絲綢之路》一書，其立意和出發點局限在東西方之間的陶瓷貿易與交流史。

二十世紀八十年代以來，在海外交通史研究中，『海上絲綢之路』一詞逐漸成爲中外學術界廣泛接受的概念。根據姚楠等人研究，饒宗頤先生是華人中最早提出『海上絲綢之路』的人，他的《海道之絲路與昆侖舶》正式提出『海上絲路』的稱謂。選堂先生評價海上絲綢之路是外交、貿易和文化交流作用的通道。此後，大陸學者馮蔚然在一九七八年編寫的《航運史話》中，使用『海上絲綢之路』一詞，這是迄今學界查到的中國大陸最早使用『海上絲綢之路』的人，更多地限於航海活動領域的考察。一九八〇年北京大學陳炎教授提出『海上絲綢之路』研究，并於一九八一年發表《略論海上絲綢之路》一文。他對海上絲綢之路的理解超越以往，且帶有濃厚的愛國主義思想。陳炎教授之後，從事研究海上絲綢之路的學者越來越多，尤其沿海港口城市向聯合國申請海上絲綢之路非物質文化遺産活動，將海上絲綢之路研究推向新高潮。另外，國家把建設『絲綢之路經濟帶』和『二十一世紀海上絲綢之路』作爲對外發展方針，將這一學術課題提升爲國家願景的高度，使海上絲綢之路形成超越學術進入政經層面的熱潮。

與海上絲綢之路學的萬千氣象相對應，海上絲綢之路文獻的整理工作仍顯滯後，遠遠跟不上突飛猛進的研究進展。二〇一八年厦門大學、中山大學等單位聯合發起『海上絲綢之路文獻集成』專案，尚在醞釀當中。我們不揣淺陋，深入調查，廣泛搜集，將有關海上絲綢之路的原始史料文獻和研究文獻，分爲風俗物産、雜史筆記、海防海事、典章檔案等六個類別，彙編成《海上絲綢之路歷史文化叢書》，於二〇二〇年影印出版。此輯面市以來，深受各大圖書館及相關研究者好評。爲讓更多的讀者親近古籍文獻，我們遴選出前編中的菁華，彙編成《海上絲綢之路基本文獻叢書》，以單行本影印出版，以饗讀者，以期爲讀者展現出一幅幅中外經濟文化交流的精美畫卷，爲海上絲綢之路的研究提供歷史借鑒，爲『二十一世紀海上絲綢之路』倡議構想的實踐做好歷史的詮釋和注脚，從而達到『以史爲鑒』『古爲今用』的目的。

凡例

一、本編注重史料的珍稀性，從《海上絲綢之路歷史文化叢書》中遴選出菁華，擬出版百册單行本。

二、本編所選之文獻，其編纂的年代下限至一九四九年。

三、本編排序無嚴格定式，所選之文獻篇幅以二百餘頁爲宜，以便讀者閱讀使用。

四、本編所選文獻，每種前皆注明版本、著者。

五、本編文獻皆爲影印，原始文本掃描之後經過修復處理，仍存原式，少數文獻由於原始底本欠佳，略有模糊之處，不影響閱讀使用。

六、本編原始底本非一時一地之出版物，原書裝幀、開本多有不同，本書彙編之後，統一爲十六開右翻本。

目録

十七世紀南洋群島航海記兩種（上）

十七世紀南洋群島航海記兩種（上）

黄素封　姚枬　譯述

民國二十四年商務印書館排印本

黄素封
姚枏 合譯

十七世紀南洋群島航海記兩種

于右任

敬告讀者

本書收有十七世紀歐人航海南洋羣島之記事兩篇，故名十七世紀南洋羣島航海記兩種，外附英國法義耳氏之考證一文於卷首名曰導言。讀者最好先閱記事正文後讀導言中之考證，則事實清楚，而眉目顯然矣。

黃素封敬誌

一九三五，六，二十五。

致謝

本書原文（英譯本）與今日英語不盡相同，故譯時時遇困難；且地名物名亦多與今日不同，故附加考證之處頗多。譯述原稿，凡地名悉由姚君查對，物名全由素封負責。「定稿」成後，學前輩蘇繼卿先生發現物名譯錯者二處，當卽改正。及初版刊行之後，又承顧頡剛李長傳二先生指出地名譯錯二處，亦已照改。謹誌卷首，以表謝忱。

十七世紀南洋羣島航海記兩種

二

素封於國立上海醫學院

二五，四，二十六。

目次

卷前附圖目次

（1） 爪哇商人 採自 J. Nieuhof 著 *Voyage to The East Indies*.

（2） 十七世紀中葉爪哇萬丹(Bantam)風光　　採自 W. Schouten 著 *Csi Indische Reyse*, 1673.

（3） 荷蘭航行東印度之「大商船」 採自 F. Valentijn 著 *Oud en niew Oost-Indien*, 1726.

（4） 土的哥粦 (Tuticorin) 地方海中採珠圖　採自 J. Nieuhof 著 *Voyage to The East Indies*, 1726.

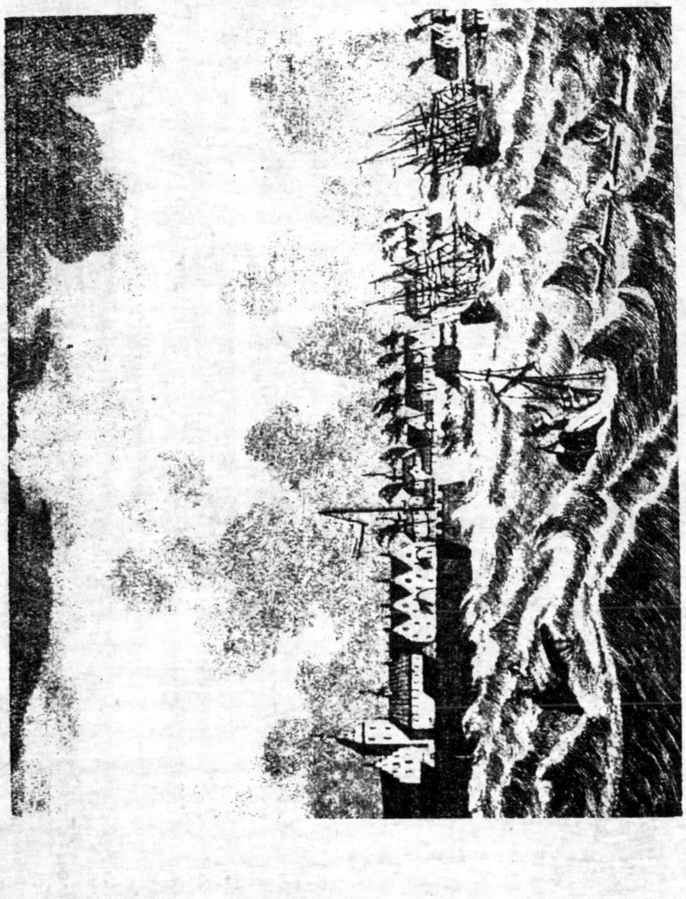

（5） 荷蘭海船離卡骨滿德海岸後遇暴風

採自 F. Valentijn 著 *Oud en niew Oost-Indien*, 1726.

（6）馬來最大之戰船　採自 F. Valentijn 著 *Oud cn niew Oost-Indien*, 1726.

（7）爪哇吧城（巴達維亞）十七世紀之總督衙門　採自 J. Nieuhof 著 *Voyage to The East Indies.*

（8） 吧城重要大街景觀（當時街名 Tiger's, Gracht） 採自 J. Nieuhof 著 *Voyage to The East Indies.*

十七世紀南洋羣島航海記兩種

導言

旅行記與航海記之古籍，其能得傳諸後世而不朽者，固不必因其行程有歷史上之重要，或旅行者地位之顯貴也。須知一卑賤之水手，或一庸碌之商賈，其日常生活若能敘述成書，內容必較欽使之報告，詩人之筆記有獨到之處；蓋欽使奉旨出洋，非要聞大事，不屑一記；詩人醉心景物，非觸景生情時，不屑一吟；而水手商賈，到處跋涉，對於一切風俗人情，海上生活，所見既多，必能有深切之描寫焉。推而廣之，常人若能就其記憶力之所及，詳實記載，彙爲册帙，則昔日世界一切情形，其所映於吾輩祖先之眼簾者，何患不能留一印影於人間也。

本書作者佛蘭克（Christopher Fryke）與適威思爾（Christopher Schweitzer）二

先生，既非文學界之名宿，又非國家之要人，荷蘭東印度公司之小吏耳：一爲醫士，一爲義勇隊員，服務船中，往返於東印度羣島之間，從事於平凡乏味之商業與警政，然而文中描寫十七世紀時東印度之風尙民情，詳盡無遺，設二君負有重大使命，著述宏篇鉅論，則必不克臻此。

二君地位雖低，然而精幹有才，新奇之事，尤所特別注意，故書中所記荷蘭大商船航行印度時之海上生活，戰爭與破船之情形，科倫波（Colombo）與長崎間之海港，以及霍屯督人、（註一）中國商人、錫蘭島（註二）上採珠者及爪哇村民等之生活等等，均詳實有生氣。爾時錫蘭無可信之史書，此册誠可謂大好史料矣。

吾人囿於傳統觀念，每以爲不列顛昔日操海中霸權，而東印度公司爲航政商業發展之唯一要素。不知當時荷人之商權航術，在在足使英國商人興望塵之嘆，而東印度公司之事業，亦時爲彼富足之鄰商所阻撓也。阿姆斯特丹（Amsterdam）商戰之烈，可謂空前之事。且當時各國角逐之目的物，不在印度半島而在香料羣島；（註三）不列顛公司致力印度時，蓋早爲馬來羣島商戰中之敗將矣；（註四）特此事最易爲世人誤會及遺忘耳。

佛適二氏遠航時，荷蘭東印度公司之勢力遍及遠東與中東。好望角、毛里西亞（Mauritius）、馬六甲諸地，均有其殖民地，聯絡交通。爪哇之巴達維亞（Batavia）地臨海濱，爲海船停泊之碼頭，買賣集中之市場，荷人據爲京都；坐鎮馬來羣島，於是爪哇及香料羣島諸土王，莫不賓服。錫蘭沿岸諸港口之珠業，以及肉桂與檳榔之專利權，亦爲此邦所掌握。至在大陸，則波斯、暹羅、印度諸地，英工廠之旁，大都有荷蘭工廠對峙競爭。卽遠若日本，荷人亦得有通商之專利焉。

在此時期中，荷蘭東印度公司可稱鼎盛時代；而佛適二氏之足跡，幾遍於其屬地。吾人若能略敍其服務之歷史，可知以二氏之資格，描寫當時各屬之情形，以及戰爭、商業與各族人民之奇風怪俗，固可淋漓盡致矣。佛氏之記載，豐富可貴，故列於前；而適氏之著作，爲時較早，尤當加以注意，亦並列於後。

適氏於一六七五年十一月，入東印度公司服務，一六八二年九月，與公司脫離關係，此中經歷，尙能瞭然，此外則不可考矣。

氏於一六七六年正月十四日，隨荷蘭「亞細亞號旗艦」赴東印度時，荷法兩國，戰爭方劇，艦經海軍護送，始得平安出口。後護衞撤退，「亞細亞號」於加那列羣島（Canaries）附近，遇土耳其海盜；幸卽剿平。船抵好望角，留泊九天，適氏於此短期中運用其敏銳之耳目，所獲見聞殊富。一六七六年六月二十六日，旗艦安抵吧城。氏擬服務軍界，惟是年十月三日卽航回錫蘭，居留凡五載。曾有降服新加族（卽錫蘭人）與葡萄牙人之功，因得屢次擢升越級任用。一六七七年，任邊疆某堡之倉庫長及鎭守大隊之會計。一六七八年，任科倫波衞戍司令部臨時祕書職。是年，新加人騷擾馬來汾礮臺（Fort Malvane）氏隨軍出發；目擊新加大將但納康·亞普哈米（Tennekon Oppuhami）之敗亡，並於十二月追至卡魯滿德海岸（Coromandel Coast）；翌年出使堪的（Kandi），得以領袖級任用。一六八〇年，馬拉巴海岸（Malabar Coast）土民發生私販胡椒事，氏率海軍征討，任水師提督之職，乃復飄流海上。及凱旋而返科倫波，復任東印度事務所（East India House）之祕書，任期中與一寡婦同居，曾爲婚事而發生煩惱，其所記載亦亹亹動人。

佛氏之事業大半在海中，富有冒險變化之性質。氏爲烏爾穆（Ulm）某醫家（註五）之後裔，故亦長於醫術；但嘗有言曰：「余年稍長，意志漸定，每覺旅行異邦，爲余最大之慾望。」

氏在大陸旅行三載，乃趁阿姆斯特丹，靜待航行東印度之機會。旋得東印度公司軍醫之職，任期爲五年，乃於一六八〇年五月三十一日乘「丹拿特號」(Ternate) 出發。不幸舟經好望角與福爾斯角 (False Cape)（註六）之間，風雪大作，佛氏及少數同行者，僅以身免，乃陸行至桌面灣 (Tablo Bay) 上之荷屬地方，得轉乘「丹拿特號」之伴船「歐羅巴號」(Europa) 前航。

佛氏抵巴達維亞不久，卽逢一六八二年之萬丹大戰。（註七）氏隨軍出征，歷水戰一次，時氏任某船船長；（註八）登陸大戰二次，陸戰數次，得將英人逐出，而佔領此爪哇唯一強大之獨士國。

休戰後，佛氏返巴達維亞，入某醫院施診，作私人生產之事業，惟仍百計鑽營，謀一海外之職業，以遂其旅行異邦之慾望。後來果如願以償，蓋亞洲之荷蘭商業的中心地，除波斯灣（註九）之外，幾爲走遍。短時期之航行，姑置勿論，而下列諸遠航，已可見其一斑：

（一）摩鹿哥之航——乘「費匿克斯號」(Phœnix) 由吧城至萬蘭 (Banda) 時，氏因病逗留三星期，轉乘「亞美利加號」(America) 至安汶島而返吧城（第八章）。

（二）錫蘭之航——乘「歐羅巴號」由吧城至科倫波而返。

（三）日本之航——乘「亞細亞號」至臺灣，途遇風潮，泊馬尼拉灣修楫。經琉球而抵長崎，復過臺灣而返吧城（第八章至第九章）。

（四）印度洋之巡行——隨十一艘之水師出巡，以防止英法聯軍圖報萬丹之仇（第九章）。

（五）峇厘之航——乘「荷蘭號」(Hollandia) 由吧城至峇厘，沿爪哇北海岸而返（第十章）。

（六）蘇拉特 (Surat) 之航——乘「給爾德蘭號」(Gelderland) 由吧城至印度之蘇拉特，經錫蘭島之加爾港 (Galle) 而返。

（七）緬甸與印度之航——乘「給爾德蘭號」由吧城出發，經庇固 (Pegu 亦作白古)、亞拉干 (Arakan)、孟拉拉馬蘇力帕坦 (Masulipatan)、及馬六甲海峽而返（第十章至第十一章）。

（八）與（九）乘「峇厘號」(Bali) 沿岸作二短航（第十一章）。

（十）西里伯斯之航——乘「泰革號」(Tyger) 由吧城經耶巴拉 (Japara) 至孟加

錫而返（第十一章）。

（十一）暹羅之航——乘「北更號」(Bergen in Norvegen) 與其他二船至盤谷而返（第十二章）。

（十二）剿滅巽他海峽之海盜——乘「錫蘭號」率大船一艘，小船八艘，捕獲盜船五艘（第十三章）。

佛蘭克氏在東方最後之事業，爲剿滅巽他海峽中之皮開榮族 (Pickaroons)；此後卽航行歸國，途經好望角，獲得見聞頗多。

佛適二氏，均能利用時機，有豐富之記述。佛氏所見較多，其觀察力亦強，且具特別愛好（例如特別注意日本之工藝）與科學精神。所述種種，均曾目擊，其敍述萬丹戰爭時，又加歷史作背影；其行文也亦到處見其謹愼，較之彼腦筋簡單鹵莽之徒，不窺事之眞跡，草率成章者，固有霄壤之別焉。氏之航行東印度也，懷有重大目的，富庶之鄉，不足以磨其志，橫禍天災，不足以阻其行，觀其在「丹拿特號」遭覆船之險，日本航程中遇波濤之驚，而當「給爾德蘭號」行至孟加拉灣擱淺不能行者，可三星期彼又寧以腰中銀鈕三打以換一口水；其勇往直前百折不撓之精神可以想見。既登陸，更不願稍失時機，百計搜訪當地之風俗民情。彼雖對於當時爪哇人之描寫，似有不利之處，但以爲「中華人寬宏大量和藹可親」，「蒙古之右穆耳族（Right-Moor）文雅美麗……交易公平有大商人之態度……和善知足」等語，當可見其毫無種族之偏見。

其文多敍事而少汎論，間或對於東印度公司之專賣政策，偶有批評，然亦公正深切。有時記述之中，稍染滑稽色彩，例如描寫軍中長官之雄辯，謂「欲使其語愈形動聽，彼允給衆兵丁以一月之糧。」有時文中又自譏自笑，例如描寫其初遇暴風云「是誠和風也！（此時余名之爲和風，當時實爲狂風也）」等等。

適氏爲人似稍粗率，深染當時之迷信，對於一切巫術淫邪之舉，深信不疑；而於奇形怪狀之物，凡其觀察力所不能及者，更易於輕信人言。試舉一例於下：蛇類中有名青蛇者，常以利舌刺人雙目，而氏言之鑿鑿，謂：「其中最毒者，具有二首，每端各一。」

氏對於土人傲慢無情，不以新加人之和善有禮爲可貴，反諷譏其宗教之幼穉，較之佛氏之諷剌爪哇厥世仙家尤甚，雖然氏對於親見之事極加注意，其記載因而亦明白可靠；所述捕象與採珠諸法，可以確信無疑。文中有錫蘭人古史一節，不甚詳明，惟其親歷之事績，要可證實無誤。其描寫「印度商船」(East Indiaman) 上之生活，彌足珍貴，可以補佛氏所記之不足。

佛適二氏常時述及荷蘭東印度公司之商業與行政之計劃，及公司與歐邦各國之關係，其中尤以英國爲甚，故吾人須將該公司之情形一述，作爲背鏡，否則讀者或不免有河漢之感。敍事固以簡略爲要，惟與二氏有關係之戰爭、剿討、出使等等，亦不得不一一揭出，稍加頭尾，以助讀者之記憶焉。

十七世紀時，荷蘭之航政商業，幾爲全球之冠。彼得氏於其政治算學一篇中，曾述及荷蘭之商船，謂可載重九十萬噸，英船可載重五十萬噸，歐洲其他各邦之船隻，共計不過載重六十萬噸，故『荷船爲全球商業之主要運輸物』。（註十）

荷蘭既有偌大商艦，國境又處於縱流全歐富源諸大河流之彙集點，其海口已足爲世界各國物產之唯一出入口，加以銀行事業逐漸發展，利率逐漸降低，商法又逐漸完備，商戰場中宜無敵手矣。

柴爾德氏（Sir Josiah Child）爲不列顛東印度公司歷史上主要人物之一，曾蒐集各國商人所感覺之痛苦，大聲疾呼曰：『荷蘭國內外商業財貨航政之發達，如此神速，恐不獨爲今日各國之妬物，亦將爲將來之奇觀焉。』（註十一）溯自十七世紀初葉以來，英人以推翻葡人在東方之專利權，曾備嘗辛苦，但其勢力終不能青雲直上超乎其競敵之外。柴氏所認爲妬物者，蓋大半指東印度之商業而言也。

自伽馬（Vasco da Gama 1469?-1524）航行遠東，開拓印度航線以來，葡人固有發地之功，其得教主之特許狀，保持其專權者凡一世紀。迨一五七九年英之探險家德類克（Sir Francis Drake 1540-1596）於其環球航行中，抵丹拿特島（Ternate 在西里伯斯之東），更與印度君主訂約，（註十二）乃開北方風雲之端。一五八一年，西班牙葡萄牙二國聯合，適將其遍及全球之屬地，投諸英荷二虎之口。夫東方錦繡富庶之區，彼英荷新教徒，蓋早已生覬覦之心，豈肯拱手讓其仇敵獨佔？而德類克又於一五八七年，奪得「山·福利普號」（San Felipe）大船，滿載絲綢、瓷器、寶石與樹膠而歸，致旁人垂涎欲滴，對於東方之野心亦蓬勃不可抑止矣。德氏並有筆記，將東方商業之祕密全部揭出，致蘭加斯德氏（Captain James Lancaster）有一五九一至一五九四年之東航，繞道好望角而抵馬來半島與錫蘭，史稱英人東渡之第一人。

雖然，如上所述，僅及英人最初東航之歷史而已，至直接予英荷商人以東航之動力者，當推荷蘭哈連姆城麟士哥登氏（John Huyghen van Linschoten）之航行。麟氏於一五八三至一五八九年居果阿（Goa），習葡萄牙大主教之職，著有遊記，詳述印度諸航線之情形，於一五九五年出版。是年霍德曼（Hautman）將軍率四艘之艦出使好望角以外諸國，即賴麟士哥登氏之書作嚮導。迨一五九八年，麟氏之旅行指南（*Itinerario*）有英譯本出版，爲不列顛東印度公司創造之先聲。（註十三）

一五九五年與一六〇一年間，荷人遠征計十五次，船數計六十九艘，或由好望角，或由麥哲倫海峽（Strait of Magellan）而東行，組織各種貿易公司。迨一六〇二年，聯合東印度公司成立，此等公司乃併而爲一。

該公司與倫敦東印度公司性質迥異，英公司創辦之初，純係一中古式有組織的之永久獨立團體，惟每次或每節航海之資本得藉國人投資而增加，每次營業亦在完航後或投資時期以結算。至一六五七年「克郞佛大法章」(Cromwell's Charter) 成立後，公司始成爲一「聯合、連續、永久的股份有限公司。」(註十四)

公司之組織，全係商業性質，並無軍事侵略之本意，經年累月，工廠逐漸增多，公司之地位日益增進，其盛衰有關於民族政策之大體，乃不得不藉外交以防禦外來競敵矣。故其專利權，不能嚴格執行，即以本國而論，十八世紀之末葉，公司猶致力於剷滅「無免許營業之商人」；至其事業漸入正軌得漸握印度無上商權者，蓋亦在新舊交替之後也。

荷蘭公司創設之初，即爲一大規模之國家機關，可代表國務總會以抵禦西班牙人及其他競敵，使不致將東方胡椒香料等之售價擡高，而西方之銷價減低。(註十五) 且得國務總會之特許，得自由作戰、休戰與拘留外船及拓殖與造幣；故其最高機關之「十七人會議」，名雖應向荷蘭國務總會報告一切情況，實則已爲一獨立機關，握遠東各屬之統治權，而有祖國外交軍需作後盾；是以

當時投資總數，竟達六、五〇〇、〇〇〇盾荷幣之巨額，約合英幣五四〇、〇〇〇與六五〇、〇〇〇鎊之間。(註十六)

葡人受英荷雙方之攻擊，其東方霸權，大有一落千丈之勢。但自另一方面觀之，則葡人於初來時早已種下禍根，當時東航者非買賣之商人，蓋爲宗教犧牲之十字軍也。當時耶回二教爭鬬有年，葡人之來，卽欲擴張其勢力，故侵佔回教徒之土地，掠奪回教徒之商權，無所不爲；充分言之，大凡異教之信徒，無不遭其毒害。卽其所訂商約，亦偏於殺戮，故其勢力範圍所以能擴張至波斯灣與摩鹿哥羣島者，蓋徒恃威脅而已。至於商業實業之經營，不足一述，人民全賴奴隸工作以活命。但月盈必虧，日中必昃，此短促之繁盛時代，一過其淫威，恰似一場春夢。尤以與西班牙合併後，其屬地之情況，更江河日下，甚至流爲盜賊之巢穴，亦可悲矣。而馬來羣島、錫蘭及印度沿岸各方反向英人荷人聯絡，至是羣以葡萄牙人爲可憎矣。

一六一五年，荷人將葡人逐至摩鹿哥羣島以外。英人經二次苦戰；亦奪得葡人在印度沿岸之海軍權，一六二二三年，復聯合波斯人，佔領奧摩斯(Ormuz)堡，堡爲亞爾勃寇克氏(Albuquerque)

於一五一五年所築，用以防守波斯灣者也。一六四一年，荷人佔領馬六甲，乃得馬來羣島之西入口；復歷一六三八至一六四五年及一六五二至一六五八年二次大戰，將錫蘭之葡人完全逐出，獲得土的哥鄰（Tuticorin）之採珠權。一六六二年，孟買又割歸英有，作爲「喀德鄰（Catherine）幼兒之寄附金」，於是葡人在東方完全絕望。

上述各屬，大半由荷蘭東印度公司接收，惟亦屢經磨折，與英敵苦戰多次，始得有此結果。公司最初之慾望，在得香料羣島之專買權，蓋安汶、丹拿特之玉桂，西蘭島之豆蔻，素爲東方物產中最生利者也。當一六〇九年荷屬東印度第一任總督彼得・保思（Pieter Both）赴任時，曾有言作座右銘曰：『摩鹿哥、安汶、西蘭諸島之商業，須屬諸我公司，世界任何國家不得侵佔分毫。』（註十七）氏既有此大志，蒞任後於其六年任期中，銳意經營，與諸土王締結條約，使荷蘭得握商業之專權，換言之，此數島已變爲荷蘭之領土矣。

英人對此種專制政策，深爲憤恨，極力反對，不許荷人霸佔香料羣島，以德類克先至其地爲藉口，提出要求，並斥責荷人，謂不應忘恩負義（按荷蘭獨立之戰，英政府曾出兵相助）。但彼方反以英王詹姆士第一與西班牙媾和爲一莫大之欺詐，不願將其辛苦經營之事業，與彼不忠實之英人分利，竟置之不理。

此後雙方憑外交手段爭執不已，有時竟至公然宣戰，互爭此香料羣島之商權，但英人終不能勝其富強之勁敵，其勢力遂逐漸衰微。其中一切詳細情形，無庸多贅，惟「巴達維亞之建設」及「安汶之慘殺」二事，不可不略爲敍述。

荷人欲得一摩鹿哥羣島之通道，非在巽他海峽或附近築一良堡不可，一六一八年覓得爪哇北岸與巽他海峽距離不遠之惹卡德拉(Jacatra)即今日之巴達維亞，因就地築塞，但工尚未竣，而諸土王已懷妬意，襄助英軍陰謀破壞，至一六一九年二月一號，荷堡竟被攻陷。惟英方尚未能依照降服條件書將俘獲品送至印度時，荷印總督孔英氏(Jan Pieterszoon Coen)已率援軍反攻，將英軍全部逐出，惹卡德拉全鎮亦毀滅殆盡，孔氏乃就其舊址於河口建築巴達維亞新城，作爲全東印度商業與行政之中心。

適氏所述荷蘭作戰之策略，與本海員叢書(Seafarer's Library)所出版之另一書中伍英氏（Uring）所記「厄爾米那（Elmine）之圍」（註十八）大致相同，但不可深信。

迨英荷條約成立後，雙方無謂之角逐，始暫告終止。該條約許英人得香料羣島商業三分之一，爪哇胡椒業之半，築堡費亦由雙方分別負擔，二公司各出船十艘，以維持東方之治安，再設聯防會議，討論保護二國商權之計劃。然而此約名爲二國聯合之協定，實足以啓雙方之新釁；荷責英所供船隻，不足分配額數；英責荷濫用兵艦，建築無謂之堡塞，非爲防護計，實欲用以造釁。就事實論，英公司確無侵略土地之野心，其目的在求通商口岸，而荷公司則確以侵略爲前提，擬鞏固其商業專利權之基礎。二公司所取政策不同，豈有合作之可能！延至一六二三年，而禍發矣。

當時安汶提督士彼宇爾氏（Herman van Speult）誣陷安汶及西蘭（Ceram）兩島之英僑十八名與日兵結謀叛亂，桎梏拷問。結果被捕者不耐酷刑，遂含糊招認。士彼宇爾據此口實，封英國工廠，斃英僑十名；（註十九及二十）及此消息傳來，英之祖國人民，咸大爲震怒。

按當時歐洲公法，肉刑尚未取消，詹姆士第一在位時，即英本國亦尚沿用鞭撻之刑，蘇格蘭亦未取消夾束足部之刑（boot），惟英人對於火水諸惡刑，從不施用，更未聞有以無辜之人類投入水中，浸至二倍其原形者，或以燃燒之燭，架於犯人脇下、掌心、足底，逼令吐供者。即就荷蘭法律作觀點，此種刑罰之施用，亦非合法，豈可以此供詞證實其罪名哉！況荷官所得供狀，不能依照正軌，於刑罰後二十四小時內由犯人招認簽字，無答辯之餘地。英人所以對此大爲憤怒。

當時巴達維亞總督、荷蘭國務總會等，對於士彼宇爾氏之措置，亦深致不滿，但公司不願否認提督以前之行爲，更不願使英人再涉足摩鹿哥羣島，於是雙方祇得藉戰爭或恐嚇手段以了局。詹姆士橫行恐嚇，終至敗退，查理繼位，此案猶未解決，據云係受賄議和。迨克郎佛（Cromwell）氏掌權後，英公司乃得一精幹之領袖，以進行其久未償願之要求。一六五四年，威士敏士德約條（Treaty of Westminster）成立，第一次荷蘭戰爭乃告終止，國務總會承認下列條件：

「安汶慘殺案（此名英政府認爲適當）中一切從犯共犯，若尚生存於世，當依法處理之。」

是年八月，英公司得賠償金八萬五千鎊，以彌補此案及其他損失；被殺者之遺族，亦得三千六百十五鎊之撫恤金。

此案延宕過久，印象深刻，不易磨滅，其後四十一年間，長爲英荷國交之創傷，雙方商業之競爭，因亦再接再厲至一六七三年，得萊頓（Dryden）復將「安汶慘劇」演諸舞臺，人心激蕩，第三次荷蘭大戰之爆發，此劇實爲其導火線。

自英人被逐香料羣島之外，二公司競爭之實況吾人不必細述。統言之，自安汶慘殺以至適氏遠航之時期中，荷人或與葡人交戰，或與土王締約（大半爲協助土王掃除內亂外患之報酬條件），以擴張其爪哇及香料羣島之統治權，使東印度公司坐享商業霸權，而將土王變爲一有名無實之傀儡。

馬來羣島中，英人能立足者，僅萬丹一國，與蘇門答臘沿岸一二小屬而已。波斯與暹羅二國中，荷人亦詭計多端，英人須竭其全力以對付之；至於錫蘭，英人更不能得立錐之地。幸印度大陸，逐漸傾向英方，荷蘭人善於壓制小島之酋長及爪哇之土著，對於身高氣傲之印度人、蒙古人，有所交涉，則完全絕望矣。況其大權集中於巴達維亞，又爲一不利之形勢，故此間外交既遭失敗，政治商務並受桎梏，是以印度之荷官，精神遽形萎頓，乃頻向總督及國會告急，謂不能匹其勁敵焉。

當佛適二氏寓東方時，英荷二國戰鬬方酣，佛氏所親歷之萬丹大戰爲一六一九年，於惹卡德拉所開演武劇之最後一幕。英人自見屏於香料羣島後，堅守萬丹之工廠，作爲東方貿易之大本營。一六三〇年萬丹歸屬蘇拉特（英公司活動之鐵證），但仍列爲英人主要商埠之一，故二氏東渡時，此國尙不受荷蘭節制，乃稱爲獨立王國，其對於英法荷（註二十一）各國人民，表示同等歡迎。其首鎭萬丹位於良港之上，地勢優勝，可由巽他海峽側面直達巴達維亞，爲爪哇胡椒最盛之區，香料及中國貨品之主要入口，亦英貨分配之中心也。（註二十二）此地無異拏伯之葡萄園，今後乃常爲荷蘭諸總督所垂涎所覬覦矣。

然而萬丹國境浩大，人民驍勇好戰，且國王於一六六二年以來，屢向英國購置大批礮火，外人欲征服其地，實非易易。荷人雖積極準備，但於一六八二年之前，除非正式作戰外，實未有充分實力以攻陷之。

佛氏所述戰爭之起因，詳明可靠，（註二十三）爰錄於下。時約一六七一年，蘇丹亞比爾・華斯（Abul Fath）在位，決意擕其子同朝，自一六七八年以後，小蘇丹亞比杜爾・卡哈爾・亞比爾・拿斯爾（Abdul Kahhar Abul Nasr）得與乃父同理朝綱，有參政之權。彼深懼荷人之來侵略，因於一六八一年，遣使至倫敦向查理第二商購大批軍火。翌年四月，欽使抵英，備受彼邦之款待，厄味林氏（Evelyn）於其一六八二年六月十九日之日記中，描寫彼等之形態，措辭雖云謔浪，然亦淋漓盡致矣。厄氏曰：

「彼等容貌醜陋，舉動有如獼猴……外衣以上等印度綢製成，繡以金花——外衣者，一齊膝之腰巾耳——褲短足裸，戴果籃式之頭巾，腰上配帶達馬士革（Damascus）產精鋼所鑄成之毒刃，其柄上刻作毒蛇或惡魔之首形……彼等盤膝而坐，與土耳其人完全相同，有時尙能表現各種獼猴之姿態。爪與齒有如黑玉，閃閃有光，彼等終日口嚙檳榔，以爲可除齒痛，其牙齒乃成此色。土民反目爲美觀……彼等呆鈍異常，遇事毫不關心，惟見吾人家產豐富，並有法律作保障，不禁大爲驚奇，以爲吾人無一非南面王矣。伊人不知人民可以保留財產，徒知身爲奴隸，當隨王心所欲；及爲解釋清楚，始明瞭此中原委，欣羨余等之幸福不止。」

厄氏同時亦承認「彼等沈着機敏，處事精明。」二欽使雖未購得大礮，歸時英王特送火藥五百噸，並應允與蘇丹時通款曲。

但此種禮物終未能送達，一六八二年小蘇丹忽與乃父發生爭執，朝臣庶民，大半傾向老王，小蘇丹與其五百從者幽禁城中，不得活動，不得已向荷公司乞援，許以胡椒業之專利權爲酬。公司得此良機，當遣少校馬丁氏（Major St. Martin）統大兵解圍，戰爭情形佛氏有詳細記載，結果老王被放而幼主復登王位，惜已成爲一傀儡矣。

卡哈爾王子卽位後，卽踐初約，誣英人陰助老王，供給兵丁軍火，此方雖加辯護，謂「協助老王之英僑均係自祖國放逐外出者，所有軍火均係強迫出售者」，奈卡氏不之聽，遂下逐客之令，英僑乃於一六八二年四月一日離境。

「英僑鼓號離境，徒留公司旗幟，隨風飄揚於工廠屋頂之上，河濱淺灘，滿佈愁人，莫不雙眉緊鎖，戀戀不忍分離；英公司之商業以及一切所有，於此宣告死刑。彼英商自伊利薩伯女王在位訂立大法章以來，橫行無阻者，計七十餘年，以前亦有相當位置，今乃一旦化爲烏有。」（註二十四）

被逐者由荷人監送出境，得暫時居留於巴達維亞，法人、丹麥人同時亦被逐出。故當英公司代表與二欽使回國時，英工廠亦落於荷人之手，蘇丹受荷人之指使，不受火藥之禮物，英代表乃攜與

而返蘇拉特。翌年荷人又發現英僑在巴達維亞私販胡椒情事，乃下毒手於一六八三年八月，將爪哇英僑逐出。(註二十五)

英人受此巨創，豈肯甘休，荷人對其報仇，似亦懼怯萬分，佛氏曾詳言之。一六八三年，英人果大起復仇之師，遣二十三艘之艦隊，準備攻城，但其結果純有如達咪喃特氏(Davenant)所云「荷人竟能藉機智延宕，將萬丹事件輕輕撇過」。(註二十六)初荷人允納英方要求，英艦當即撤退，故當佛氏所統水師遍巡孟加拉灣時，已不見敵人之踪跡矣。荷公司既將大敵誘退，乃施其狡技，謂萬丹事件，盡出蘇丹主張，當由蘇丹負其全責，致雙方和議，拖延至數年之久。英公司要求恢復工廠，並賠償損失費三十五萬五千七百七十五鎊，卒無成效。

一六八八年，奧倫治(Orange)皇族之威廉即位，英公司於是時得蘇門答臘西岸之望古粦(Bencoolen)州，仍可經營其胡椒事業，乃將要求擱置不問。

萬丹大戰，爲本書作者經歷中最重要之事件，就史乘資料而論，適氏所記，似較佛氏之文爲繁複，且彼所參與之各種巡行征伐等之記載，不易了解。請先將錫蘭荷人興盛史及十七世紀末葉公司與堪的王之關係一述，藉資參考。

荷人初來錫蘭時，備受土人之歡迎，認爲脫離葡萄牙暴政之救星；一六一二年，與新加王（即錫蘭王）訂立協約，得殖民地及玉桂專賣權，作爲協助剷除壓迫者之報酬。（註二十七）但荷人仍百計活動，於一六三八年再遣大軍入境，謂協助新加王剷滅葡人。此王爲錫蘭最後勇主，曾在加奴魯哇（Gannoruwa）一戰，大敗葡軍。是年與荷將威斯德武（Adam van Westerwold）重訂新約，威氏彼時爲國務總會及總督之全權代表，曾許以自由貿易及玉桂、胡椒、蜜蠟及象牙等商品之專利權。更爲錫蘭及荷蘭二國關係更深起見，條約中曾有『佔領城堡後，所有一切戰利品由聯盟軍均分，堡之存廢由王自決』一條，惟荷人狡獪之譯文，竟將此節完全删去。

戰爭漫延七年，荷蘭與新加（錫蘭）軍力大有進展，惟其內部同時亦發生糾葛。當尼古巴、（Negombo）特靈科馬利（Trincomalee）二處礮臺攻克後，新王意欲拆毀之，而荷方竟違反條約，堅持不許，且堡中一切費用，悉須新王獨力負擔。

一六四五年正月，荷葡於一六四一年簽訂之和約方獲實行；而一六五二年，戰爭又重行爆發，經六年苦戰，葡軍卒至不敵，全部退出錫蘭。一六五六年，科倫波經葡方死守八月，終被攻陷，於是葡人在錫蘭之疆土祇有若弗拿（Jaffna）一區。昔日淡米爾王國（Tamil Kingdom）之首都，亦於一六五八年失守。此後荷將顧英思氏（Rykloff van Goens）從事圍攻馬拉巴海岸附近之葡領土，殘敵乃完全解決。

至新荷二國之聯盟，此時亦告終止。初，荷軍圍攻科倫波時，新加王曾調兵協助，駐印度荷蘭總指揮胡爾思特氏（Hulst）所佈討伐檄上，亦由「新加王陛下與至尊無上之荷蘭東印度公司」（註二十八）聯名簽發。胡氏為新王親信之人，若能存在，新荷間衝突之發生，或不致如此迅速，不幸於圍攻時，遽而陣亡。繼職者梅屯氏（Meydən）及顧英思氏二人均無意將科倫波讓歸新有，適氏所述荷軍反攻新軍一節，雖無根據，然科城一戰，新加王拚死效力，攻克後竟為荷人盤據不去，實足使彼痛心疾首，變其盟友為仇敵也。

王乃變更態度，答復梅屯氏之抗議云：「大函所云，巴達維亞總督意將不快。鄙意以為貴總督與貴公司若能謹守前言，始眞知不快之底蘊安在；否則長此以往，吾恐患難將頻頻來矣。」（註二十

九）

惟王尙未忘荷人襄助其驅逐葡人之恩，故當若弗拿城（Jaffna）攻克後，曾致顧英思一熱情之友好書。但日久玩生，荷人又時犯其境，新王每遭其暗算，於是結仇漸深，彼欲與荷方正式開戰，固為勢所不可能，乃從小處着手，侵削森林土地，佔據次要城池，及新軍滿佈荷屬地邊境，乃開始干涉其玉桂之採集及淘珠之進行。

兩虎相鬬，商業互受牽制，各有損失，至一六七二年，新王乃改變方針。當第三次荷蘭戰爭爆發時，法政府遣大將海伊氏（De la Haye）率艦隊至印度，新王極表歡迎，欣然與以特靈科馬利灣作軍港，然海氏棄而航至卡魯滿德海岸，其艦幾遭毀滅，蓋其地顧英思有大軍駐在，擬於翌年進攻英人之孟買也。高底亞（Kotiar）之法堡乃亦不久失陷。

適氏東來時，大局之形勢如此，可知荷人之地位危險異常。東印度公司係一商業公司，既須供給軍需，又不得發展商務，何能如此犧牲哉！一六七五年，小顧英思氏（註三十）繼父就職，退職後又由帔爾氏（Laurens Pyl）繼任。小顧英思及帔爾二氏時有乞和之意，帔氏竟至私與新王通訊，謂荷蘭據持科倫波爲不當，承認全島屬於新王，自稱爲「忠誠、低賤之總督。」(註三十一)並數次遣使，期與新王和解，適氏曾親歷其一，惟新加王生於世一日則島上卽少一日之安寧焉。

適氏文中記述一事，饒有奇趣，謂有「斑白老者三人」入西打哇加(Sitawaka)堡中，聲言爲不堪堪的王暴虐而亡命之英人。按新加王壯年雖爲一英武之主，後以時抱憂懷，鬱鬱不能報其大仇，降爲一昏庸多疑之暴君；惟仍未失其愛好歐人之天性，晚年捕集西方民族於一園，藉以自娛。中有葡荷亡命之徒，各族之使者，及登陸汲水修船之水手，園中人待遇尙稱不惡，亦有升至高官者，惟絕對不許離境他適。某英船船長之子名諾克斯(Robert Knox)者，亦爲其中之一，於一六六〇年在高底亞附近被逮，囚禁十有九年，至一六七九年始得潛逃。諾氏爲一精銳敏穎之人，著有專書，詳述錫蘭一切情形，爲描寫當時新加人生活之重要著作。(註三十二)適氏所謂斑白老者三人，蓋卽諾克斯及其從伴也。諾氏所述科倫波總督及巴達維亞總督顧英思款待之情形，又與適氏之記載相契合，實與吾人不少興趣。

佛適二氏之遊記，不獨揭出荷蘭東印度公司與土人國家及歐邦之關係，卽對於公司之行政、商業、航業及軍備等等，亦有極有價値之記載。公司之政策，要基於狹窄刻版之專利觀念，讀其一六五〇年頒布之命令中『欲東印度公司於此維持人民幸福，須將商業權全部讓歸彼有，不准其他國家稍佔分毫』等語（註三十三）可以見其專制。故在其法權之下，無論在直接統轄或間接由土王治理之區，設非公司之代理人，不得擅自東印度購買香料、玉桂、胡椒、金屬、珍珠、鴉片及其他珍品。卽在好望角中，除零星小品之外，一切象牙及豹皮等交易，亦「悉由公司包辦。」（註三十四）其職員得私人營業者，惟公司所鄙棄不重視之貨物，而退伍人員欲在東方居住者，其商業及經商地點，亦須受公司之支配焉。

公司爲厲行專買起見，不顧一切，準備長時期的奮鬬，盡其全力以阻止外來「商敵」，壓制當地土商。『土民苦於劫掠，不敢自其故鄉越過某種界線而遠航，又不得向印度及亞洲其他諸海岸經商，更不准耕種香料植物與荷蘭屬土之出產相競爭。』（註三十五）適氏帥師巡航，禁止馬拉巴士人經營胡椒業，卽公司厲行其政策之確證也。

荷商人關心競爭者若是，當可保持其專利權。公司內部既強，更有政府爲之後盾，覬覦之人，當然不若英公司引起之多。惟欲以公司內部之職員，查禁一切非法商業，則反不如英葡所得結果之佳，實爲勢所不可能；蓋其中職員大半不能恃其原有薪俸及規定酬報以生活，乃不免趨於營私舞弊之途，故私運大宗物品以公司船隻載歸作爲私產等情，時有所聞。一六七六年適氏抵爪哇時，總督顧英思氏報告祖國云：『公司之事業，將爲私人貿易所摧殘，且私貨均載於公司之官船』。（註三十六）但自他方面觀之，非握有大權者，則非法貿易實爲一極危險之舉，蓋因公司取締極嚴。此事佛氏於文中言之屢矣，且謂彼亦擬參加舞弊，被公司當局發覺，幾上斷頭之臺；後乃不敢稍越正軌。歸國時攜帶之私貨，若瓷器、絲、茶等等，均係公然向公司購置者。且彼與適氏抵荷時，一切箱籠牀褥，均經嚴密搜查，以防有禁品混入。

至於對外，則公司於香料羣島及錫蘭，握有專買之全權，玉桂及其他寶貴之香料，均由彼獨家收買。自萬丹攻克後，其勢力可謂遍及爪哇。惟英人因有蘇島及印度本部之屬地，仍得享胡椒業之一部分。據達咪喃特氏之統計，自萬丹失陷之年至一六八八年，每年胡椒輸入歐洲平均約五千噸，就中法丹二國佔五百噸，英國佔九百噸，其餘三千六百噸，約合全數四分之三，統歸荷蘭收買。（註三

十七）

公司既享有商貨之專買權，猶以爲未足，更採用其他方法，務使購價極低，而售價特高，故於十七世紀之末倡行「分攤」及「強迫輸送」制，強迫土民政府供給胡椒及其他產物，或義務貢獻，或略收公司訂定之購價（註三十八）。華人亦然。惟據適氏所云，爪哇華僑大半爲徵稅手與仲介人，所供貨物均係向土民徵集而來者。

十八世紀時，「強迫輸送」制更形重要，盛極一時，公司既獲得低價之貨品，復限制其銷路，以遂其提高售價之慾望，更爲保持高價計，將其屬界以外之香料樹，劃掘殆盡，苟爲豐年熟歲，胡椒產額增加，歐洲售價將受影響時，公司不惜將過剩之貨，焚燒投海，以維持其原有標準。佛氏文中，雖未將其黑幕完全揭發，然字裏行間亦曾述及之。

公司復向非洲及其他各處賤價收買奴隸，壓迫其征服之民族，作苦工之生涯，時至中國海岸，販運豬仔，並強迫其轄屬諸土國，年年納貢，務求工賤而利厚。惟此種殘酷手段之結果，適足挫折其期望之目的。夫大權集於中央，專賣政策固可因之實施，但海外發展，反將受其阻撓，貿易反將衰落不振，況公司待遇士人之殘酷，限制私人企業之嚴厲，又在在足以使行政不能順利。當局不察，竟倣效葡人之故技，濫用刑罰，據佛氏所云，巴達維亞刑場之中，吊、絞、鞭、撻，時有所聞，所用刑具，與二世紀前安汶蠻族所施用者相較，有過之而無不及。並為防止土民叛反及戰爭不絕起見，建築堅固礮壘，所費不貲。公司欲彌補此巨大損失，乃苛待其軍隊，調至氣候惡劣之區域，與以粗衣陋食，據適氏之記載，謂兵士每月祇得俸金一鎊，米四十磅，生活費八先令；即長官之俸給，每月亦不過八鎊至十鎊，生活費二鎊十先令，外加酒七罐，油二瓶而已。（註三十九）且各人須工作完畢，始可得其薪額之半數，其餘依佛氏所云，半給現金，半給衣服，已非易事。

佛氏為文，先寫公司奢富之情形，如『穿絲襪，登帆布鞋，裝飾富麗』等語，作反襯，然後再警告一般野心勃勃之募兵，謂此種待遇，非盡人皆然，『祇限於一特殊階級，須來頭大而交誼廣』，並謂公司故意選出若輩，藉以誇示於主要工廠之中，而『彼忠勇之士兵，反被迫駐防於萬丹、安汶、萬蘭(Bantam, Amboina, Banda) 及其他不健康之島嶼，亦足操作度其一生，甚或死於非命』，其語警惕絕倫。

故應募者非無知之徒，即零丁孤苦之輩，公司之軍隊，乃亦為各種民族之糟屑所集成，精銳之荷人絕少，觀乎佛氏所說『提羅爾（Tyrol）狂徒舌戰擊斃一人』一節，即此可見一斑。適氏對於一般拐誘從軍者，亦有深刻之描寫，大致將生人誘至寓所，告以東方之如何豪富，使伊等為利慾衝動，甘願離鄉背井，千里跋涉，從軍而去。此等荷蘭「買魂者」其卑賤不亞於十九世紀倫敦、紐約及舊金山之水手宿舍管理者。英公司招募新兵，亦用此法，——麥皐來（Macaulay）描寫當時出防克利佛（Clive）之募兵，論為最卑賤低下之棍徒，招募員可於倫敦肉莊中選擇之。——惟荷公司之制度，似更腐敗，軍中德人居多數，彼等勇猛善戰，但亦不能享優等待遇。

文官俸給亦不豐，據一七二〇年之薪額表，簿記員每月祇可支薪三鎊，——以每盾作二先令計算，祇合英金一鎊。商人普通月支六鎊，其中職位最重要者，每月薪額亦不得超過十三鎊，惟此外須加生活費若干，大概職位較高者，其生活費約合正薪四分之一。發薪情形與兵丁相彷彿，須待工作完畢後，始可得其半數，餘數之一部，有時得以商品作替代。（註四十）就本書二作者論，適氏月得二鎊，——軍曹之俸——佛氏二鎊十六先令，上岸後另加生活費十五先令。

此等薪額，遠不及英公司所訂定者。一六五八年，蘇拉特總局公佈各職員年薪額如下。

會　　計……………………一百五十鎊
倉庫管理員…………………七十鎊
事　務　長…………………一百鎊
教練軍醫……………………各五十鎊
文　　牘……………………四十鎊
辦　事　員…………………三十鎊
書　　記……………………十鎊至二十鎊

儲宿由公司供給，且職員得自由經商，並可享公司贏餘之一小部。（註四十一）

至於兵士服務之情形，更形悲慘，須訂立五年之約，在此時期中，駐防飄泊不定，若調至東方居住經商，均有嚴限制。服務十年或十二年之後，乃得於地角購置地產，作爲獎勵，惟本人如欲歸國，其產須收歸公有。

在此種情形之下，學識經驗豐富之人，當然不肯連袂來歸，蓋除非法貿易之外，彼等實無法以致富，而此種情事，一經發覺，又危險非常。故適氏所寫科倫波政務狀況，謂一上等客船之小使可以當議會之主席，而位高爵重之輩，均未能寫讀，即警衛長亦然，確非過甚之辭焉。

兵士無致富之希望，乃時存掠劫之念，惟如佛氏第十一章文中所述「鼓手幸運」等事，實爲希罕之聞，而無知之軍隊竟哄動一時，羣起非分之野心矣。至無權小吏，更乏希望之可言，雖其中少數人員，亦有升至高官者；例如佛氏在爪哇時，總督凱非氏（Camphuis），本係一下級書記，蒙擢有大權之梅索克爾氏（Maetsuyker）垂青，謂『此人工作努力，較諸衆委員之子姪，勤懇多多』（註四十二）因得越級擢升，然終屬例外。佛氏曾勸導一般希望在東印度致富者，改『歸英人因英人大度寬宏，屬下易於升遷。』即以一六三一年之早，英商均可自由行動，並有倡議之權，而印度荷商代理人須處處『聽候爪哇總督之命令，』（註四十三）不知處事愈寬大，才高之人愈易表顯其所長，可以青雲直上，無滄海遺珠之憾焉。

此種中央集權制，與服務規程，均足使高士隱退，奸徒充斥，商業受巨大影響。雖然，公司仍有厚利可獲。據達咪喃特之報告，謂每磅價值二辨士之胡椒，在荷蘭以一先令之價格出售，且進口貨之半數，重行出口，居中可獲利百分之七百五十。惟利雖厚而費亦大，公司帳目時使其財政陷於窘迫之境，每年紅利，祇可用以償債，無實得之希望；佛適二氏服務時，蓋公司適處於鼎盛之秋耳。某著作家以一六三九至一六九三年，爲公司歷史最興盛之時期，惟當時巴達維亞之建築費已超過商業贏餘之數矣。荷人之在卡魯滿德（Coromandel），蘇拉特、日本、波斯灣等地者，不問政事，專事經商，獲利反稱最厚。（註四十四）

荷商在日本獲利雖厚，但以寄人籬下，常致委曲求全。佛氏用其公正之態度，寫述綦詳。考荷蘭商業與日本之關係，當發生於一六〇九年，勃洛克（P. van den Broeck）出使之時。初與英葡二族，競爭甚烈，惟英工廠因管理不善，於一六二三年乏資倒閉，葡人因用傳道方法，亦不能持久，於一六八三年被逐出境。荷人不使教務與商業混雜，因得苟延經營，惟亦受嚴格限制，工廠由飛浪圖（Firando）移至長崎之出島（Desima）；荷僑未得允許以前，不准攜帶宗教書籍登陸，商船泊留港內，須將槍彈等武器悉數除去，以保安全。然而商業極盛，統計荷蘭每年自日本進口之絲綢等品，價値約六十萬鎊，銀貨値五十萬鎊，故荷商寧忍痛忍辱，不顧一切努力經營也。佛氏爲一路德派虔誠信徒，對此如何不憤。

荷人爲保護商業航線計，於一六二四年在臺灣之西岸之臺南地方築一塞口，作爲中國蠶、絲綢及瓷器等品之入口。一六六一年，海盜科新加（Coxinga）大舉入寇，將島上荷人逐出，其子於一六七〇年，得不列顛東印度公司之許可，將荷廠據爲己有。惟英人亦不能發展其商務，於一六八二年自動引退。翌年此境入中國之版圖。當佛氏抵其地時，似在一六八三年之後，此齊蘭狄阿堡（Fort Zelandia）屬諸何人，不易考矣。（科新加乃國姓爺之對音即鄭成功也目爲海盜係誤據荷蘭人之記載——譯者）

佛氏此次航海，極有歷史上之價値。就一般人所知，自葡人被逐後，歐邦與日本通商者只有荷蘭一國。一六七二年，英人請求重駐其地，後因英王查理與葡萄牙公主結婚而被拒。惟私人經商，當在例外；佛氏至其地時，曾見英法商船三四艘，即一明證。雖然此猶可以「修繕暫泊」一語以駁斥之，但彼在角邊，亦曾遇英國『快船（即荷蘭之平底大船）一艘，駛往日本，』然則二國私人仍得經商，可無疑義矣。

此所謂「快船」(flyboat)者，佛適二氏文中時述及之，厥名兀突，須略加考究。此名字本從新英文字典(*New English Dictionary*)中「佛理峽之船」(Vlie-boat)一名詞而來；蓋此式之船乃最初在須德海(Zuyder Zee)佛理峽(Vlie)中通行之小舟也。惟在十七與十八世紀時，「快船」一詞又與荷蘭「長舟」(Fluit)(註四十五)一詞通用。據福克涅氏(Falconer)之解釋謂「快船」(flight, flyboat)係『荷蘭平底大船之一種，約可載重四百至六百噸，其舵特高如峨斯族型式建築中之樓櫓，船尾亦較他船廣闊。』(註四十六)復考「快船」之構造法，其舵圓形，係「摹倣十五世紀時低地國(即指荷蘭)之船舵」形狀，船尾高而尖，與別船不同。大凡如此構造之船隻，英人統以「快船」之名呼之，和平時用以航行載客，戰爭時用以載貨運輸。在荷蘭本國，此種船隻極屬普通，而東印度、波羅的海、地中海諸區之商人亦大都用之。(註四十七)

荷英二國均有所謂「印度商船」(East Indiaman)船者，係一種構造堅固而備有軍器之船隻，與當時戰艦大致相同。中有名「威廉公主號」(Prins Willem)者，據南思氏所著船樣書(註四十八)中所云，『與戰鬬艦相差僅爲一上甲板耳。』艙中有步鎗三十枝，並有腰板可藏小銃，凱底之役（Kentish Knock），該船亦參與作戰焉。故雙方除正式艦隊外，均用此種船隻以補不足；（註四十九）商人航海時又可藉以抵禦匪徒海盜及東印度海中之敵艦。當時荷公司在此似有武裝船隻多艘專備保護作戰之用。

本書二作者對於所乘船隻之噸數未能詳細述及，據萬丹議和時，荷蘭頒發之公文，謂「歐羅巴號」可載重一千二百噸，（註五十）爾時荷蘭方要求賠償運費，必不致少算其噸數；惟佛氏曾云此船曾載兵八百以攻萬丹，此言非誇，則船身之大可以想見。考當時英國所有之「印度商船」其載重大半在二百至七百噸之間。佛適二氏所乘之船，其噸數當亦大都不能超出此限度，惟就載客數目觀之，「丹拿特號」與「亞洲號」二船，必非尋常之小艇可比也。

至於式樣，則各船船首平而舵高，有精緻之雕刻（中有聯合東印度公司之組合文字）前桅及中桅之上置有大帆、上帆及上檣帆等件，更有三角後帆，（用以代替後檣縱帆）及方頂帆各一；斜檣之下配置古式方斜帆一具，船身較大者另有一小斜頂帆，縛於自斜檣外端支出之小桅上。惟察其全船，並無船首與船尾之高帆，蓋十八世紀以前此種裝置未嘗通行也。

此外游艇（yacht）及單檣桅船（sloop）二種，亦時能於書中發現吾人因航海文字之變遷，亦須略加考究所謂游艇者在十七世紀時，未必限於供人娛樂之用，按英文「游艇」之原字等於法文之 yacht，本用以追獵之舟楫。十七世紀之初葉此字用以名小號三桅商船，迨其末葉，英人用之者日衆，其性質乃與今日之字義漸相接近。一六六〇年，荷蘭東印度公司獻「游艇」與英王查理第二，此爲英國有游艇之嚆矢，其後王屬相起倣造，競爲時尚，始符今日游艇之義。雖然，當時此種船隻，倘不止用於娛樂，舉凡較小之船舶，均可以此名之；除普通裝置者外，有時亦有裝置三檣橫帆者，故遊逛或正式儀節，均可用之。海軍中亦可用作發令艦或小巡洋艦，自一六六〇年至一六八六年，英國軍艦表中計有游艇三十六艘，每艘載重在二十五與一百六十六噸之間，可置三斤礮四尊至八尊。（註五十一）適氏對於此字之二種用法，均舉例說明，如「亞洲號」主人乘其私有游艇，與船永別，此一義也。又如氏統領之「特靈科馬利號」（Triconomala）游艇中有水手十六人，兵二十八，馬拉巴岸之戰，此艇卽爲發令艦，此又一義也。

氏另有單桅檣船二艘，各有水手七八，兵十二人，惜無詳明記載。考十八世紀時，「單檣桅船」

爲小船之一種，與「單桅快船」(cutter) 不同者，在一固定之斜檣，及其他裝置上之異點。惟當十七世紀時，此名之運用頗泛，東印度土人各種船隻，大抵名此；至適氏所有二船之裝置如何，吾人無法考究。歸途所遇單桅英船一艘（自巴西載煙草而歸）又與吾人以同樣之疑問。惟藉此可知古人慣乘快船而遠航必矣。

荷人慣於航海，爲全世界水手及海軍中之最優等者，故公司之水軍程度較陸軍爲高，可無疑義；惟其中有外人雜入，如「亞洲號」之副官爲一意大利人，殊不可解。諸長官之年齡，更爲奇突，如「丹拿特號」之船主爲『一八十歲以上之老人』，監督亦一耆耄老者。佛氏歸國時所乘之「交易號」(Exchange) 之船長，又爲『一仁慈和善年近九十之老翁』，能不令人咋舌！

佛氏對於交易號，適氏對於亞洲號，均有極詳細之記載，惟各種統計，不能全信。各船組織，大致除船長之外，監督、按針手（二人）、舵手（三四人）、水夫長及鎗手等，均爲重要職員。交易號另有副官，協助舵手工作；二船均聘有醫生。亞洲號因船身較大，又有庶務員一人；交易號則另派簿記員，協同商人或代理人一名，掌理營業事務，舟中祈禱等情，悉由彼負責執行。

至於荷蘭「印度商船」之船中規則，書中亦有詳細描寫。古來兵士或水手出外，均分二隊，荷蘭自獨立之戰以來，名爲「王子隊」與「毛黎斯伯爵隊」(Count Maurice's Quarter)。值班時間隨各國制度而變更，英制定每班爲四小時，據佛氏所云，第二班自下午四時起至八時止，名爲「犬哨」(Hunde-wacht)。犬哨二字在後世航海界中遂用爲習慣名稱，實爲趣事；惟目下其制已稍有變更。査當時荷蘭任何法規，未有將此班分爲二段每段二小時者，當時純係一種方法，『使晚班得二十四小時輪流一次；例如此隊今晚值八時至十二時之班，則次晚須於午夜起守至明晨四時，方得休息。』(註五十二)每次哨手名單，及值班時間，啓程時均揭示於船上中桅之上。

船員早晚均須祈禱，不到者扣其每日應用之物件。玩牌、擲骰及博弈均在嚴禁之列；卽雙陸碁之戲，亦不准時常玩弄，並爲防止火燭計，吸煙亦受限制；惟荷人酷嗜煙管，不能離口，此條遂因此不能嚴格執行。晚間船員不得居留甲板之下，旁地可以自由通行，艙中燃一幽暗之火把（卽以前用於火繩機者）、以備吸煙之用。(註五十三)

舟中刑罰，殘忍野蠻異常，其繩索之刑，與英國海軍所用者無異，惟荷人鞭撻臂部，與英軍鞭撻背部，稍有不同耳。潛水之刑，當時亦方通用，佛氏寫述極詳。二人爭鬬，若有施用武器者，所受刑罰，更形難堪，執法者縛其體於桅杆之上，然後用小刀洞穿其手，置之不顧，須待忍痛扭脫，始得恢復自由；此與中古時代之酷刑，殆無大異矣。船員在船中毆辱監督，須受潛水之刑，如在陸地罪當斬手，罪大惡極者，長官更得背合而投諸船外。

佛氏在日本航程一節中，述及所謂「海法」者，饒有奇趣。此法由公司訂定，抑為荷蘭航海界之通行規則，吾人不易明瞭。法中規定船長如遇無論何種危險，須親乘小船下海尋覓船外之人，若此人已飄泊無蹤，則找尋與否得由船長自由處置云。

海外航行之船舶，大抵結隊而行，每年出發三次，約在六月、九月及十二月之時。惟此種艦隊，範圍不大，——佛氏航海時，同行者二艘，適氏出外時，同行者五艘——蓋東印度之商業，全在販運歐洲金銀及零星貨品與東方之香料絲綢等物，所佔容量不廣，無須大艦裝載也。佛氏出發時，適值昇平之秋，無兵船護送，而適氏啓程時在一六七六年，荷蘭與法蘭西戰爭方烈，劇盜布特・冉（Jean Bart），又出沒海上，滋擾商船，故同時出發之船隻極衆，包有東印度、西印度、地中海及葡萄牙諸商船。適氏文中第一章卽詳述警備條例，其中最有趣者，爲『若見敵艦來攻，吾船須列成半月形』一條。按一六五三年特綸普（Tromp）曾於波特蘭（Portland）附近，將其『艦隊列成月彎或鈍角之形，而置警衞隊於兩旁』（註五十四）適氏所述警衞法，蓋係採用此制，殆無可疑。

舟過比斯開灣（Bay of Biscay），衞隊撤退，東印度諸商船共途並進，惟各自爲計，似少聯絡。歸國時各船滿載東方寶貨，乃有小心防護之必要，諸船大抵組成一隊，（註五十五）有嚴格號令，須聯絡一致；過速者須撐帆停駛，以待餘船。舟經巽他海峽，並有戰艦護送，以防海盜襲擊，日後商船自備軍器，始不賴官軍之保護。舟自錫蘭歸者，須在角邊，與巴達維亞之回船相聯合，然後重行開駛，當適氏抵角時，爪哇之船，已於桌面灣停泊七星期之久，以待加爾港（Galle）之伴船，當時商業之悠然不急，於此可見。

聯隊抵聖希利那島（St. Helena），（適氏回國時，六大船二小艇組成一隊）大都泊留數日，藉以整頓貨物，或趨英堡，訪問歐邦最近消息，蓋當時世事紛擾，消息傳來，不知有幾許事故發生也。適氏記載其在希利那島所得之消息云，『海中平安無事，』下筆時當可喜形於色矣；並謂『余等大放礮火，以資慶祝，』闔船愉快之情形，可見一斑。（十七世紀時，人民逢節日或喜事，恆鳴礮誌慶。）

既抵歐境，諸船乃向北航行，折入港中，以避海盜之襲擊，或戰爭之突發，大抵駛行於奧克尼羣島（Orkneys）與設得蘭羣島（Shetlands）之間，惟佛氏之行，隊長令越此線而取更北設得蘭與非羅（Faroes）二羣島間之航道。諸船過設得蘭羣島後，乃有戰艦護送（佛氏之船有四艘之艦護送），並隨有糧船，以供艙中食物之不足。

至在東印度境內航行，商船多單獨進行，惟亦有二三船聯絡出發者，其中最長船長，即爲全隊隊長，規劃航程之一切。此種航行，商人得將馬來羣島之香料交換金銀正貨，印度之硝、糖、鴉片；暹羅之皮、革、染料，日本之銅與漆，以及中華之絲、蠶與瓷器，故公司認爲重要營業之一，備有專船往返。

吾人觀乎佛適二氏所記航行之日期，即可將十七世紀與二十世紀或十九世紀之航業，作一比較。佛氏所乘之「丹拿特號」中途沈沒，航程固略受挫折，惟彼換乘之「歐羅巴號」係與「丹拿特號」同在五月一日出發者；其抵巴達維亞時，已在十一月之末日，中途計一百八十四天，惟在好望角泊留數日耳。適氏之行，記載更詳。

正月十四日……自荷蘭之帖克塞耳（Texel）出發。

二月二十五日……遙見加那列羣島（Canaries），計航行四十二天。

三月二十七日……過赤道，計七十二天。

四月二十二日……抵好望角，九十八天。

五月　一　日……自好望角出發。

六月二十五日……抵巴達維亞；以好望角出發計算，舟行五十五日；自帖克塞耳啓程以來，共計一百六十二天。

此等航程，尚不可謂滯，適氏曾述及「一新船」自荷蘭出發，越九閱月始到吧城；另有一船，途遇大風，幾刮至南極洲，航行十八月，出吾人意料之外。惟此船所以如此，蓋另有枝節發生，當在例外。

當一八七〇年至一八七一年時，「各特·沙克號」(Cutty Sark) 等快船，凡四十天而越角之子午線，七十五天而抵馬來羣島之溫拜海道（Ombay-passage）。吾人欲以上節所述諸航

程，與此等航程相較，固爲不當；即與所謂鐵篷快船，連航澳洲十四次，平均每次八十七天者相較，已大有可觀矣。(註五十六)

佛氏歸國時，對於航期，未有記錄，適氏自好望角出發，至阿姆斯特丹，途中凡一百十六天，以錫蘭加爾港啓程計算，舟行二百三十一天；惟其速度，尙不能列入劣等，蓋商船自巴達維亞回國，每次亦須費六七月之久焉。(註五十七)故今日駛行如飛之航海，實不堪與昔日一比，且當時速度高者，須待速度低者同行，巴達維亞之船，須於角邊（指好望角）待錫蘭之船同行，曠費時日，莫此爲甚。惟在一八六五年時，有船名「黑太子號」(Black Prince)者，自巽他海峽之安耶(Anjer)航回，張帆緩行，凡九十四天而返祖國；復有名「德摩比利號」(Thermopylae)者，自阿古拉斯角(Cape Agulhas)之子午線出發，能於六十天內至赤道，與適氏之自桌而灣出發，航行七十三天者相較，相差懸殊。(註五十八)三十年前，作者自澳洲之阿德雷德(Adelaide)乘「叨楞斯號」(Torrens)船返國，費時不過一百二十五天，途中猶在德爾班(Durban)泊留二週，希利那島停站十天焉。

佛氏在東方作短途航行時，對於時間，絕少記載。適氏謂其自巴達維亞至錫蘭之行，計歷四十九天（時不順利）。佛氏僅云此行「凡五星期，」歸時「一帆風順，三星期即抵吧城。」此外自吧城至日本，爲時五月，中有停泊之日；蘇拉特之行，爲時三月；萬蘭之行，繞道巽他與㗎厘二峽，爲時三星期；自㗎厘至巴達維亞，沿爪哇北岸而行，計一十八日；而以巴達維亞至庇固（Pegu）之行，成績爲最佳，計時不過九天耳。

適氏記載一六七六年，荷蘭之「印度商船」航行時，每人在船中應得食物之限度如下：

每週：餅乾三磅，——菜油四分之一品脫，——醋半品脫（原名 pint）。

星期日、星期二、星期四之午膳：豬肉及其他肉類。

不定期：魚乾豌豆；次晨，熟大麥一盌。

每日：燒酒一及耳（原名 gill，合一品脫之四分之一）。

佛氏航海時，每週之餅乾量已增至五磅，並添牛油半磅（此項或係適氏漏筆）。星期二、星期六及星期日三天爲肉食日，每日備有牛肉或豚肉四分之三磅，每星期除肉食日之外，大致以魚麥豌豆，輪流作爲日常食品。據彼所云，啓程時每人可得荷蘭乾酪五塊，啤酒可公開啜飲，惟以飲完爲度；既罄，乃以水代之。船中飲食之單調如此。英水手若亦享此種待遇，而不生抗議，吾不信也。

茲將英海軍之食品一述，藉可得一比較。據一六七七年十二月三十一日英國政府所訂海軍糧食約之規定（註五十九）每人應得下列食品：

每日麥餅一磅，啤酒一加侖。

星期日及星期一、二、四鹹牛肉二磅或換鹹豬肉一磅（至多二次）；豌豆一品脫。

星期三、五、六長二十四吋之大口魚（即北海產鱈魚）八分之一，或等量之乾鹹魚或「窮約翰魚」（Poor John）一磅。

星期三、五、六牛油二兩，英國薩符克（Suffolk）製乾酪四兩，或換英國折細耳（Cheshire）出產之乾酪二又三分之二兩。

總合雙方每一星期之食料而比較之，有如下表：

品名	英制	荷制
餅乾	七磅	五磅
鹹牛肉	四磅	二又四分之一磅
鹹豬肉	二磅	

鹹魚	三磅	不定	大麥	不定
豌豆	二磅	不定	菜油	四分之一品脫
牛油	六兩	八兩	醋	半品脫
乾酪	一二兩	數星期後卽不供給	燒酒	一又四分之三品脫
啤酒	七加侖	同右		

由此而觀，英水手可得多量之餅乾與肉類（此項較荷制多至三倍），而荷方則魚、豆及大麥較多，藉補不足。

二國食料均未能合乎熱帶衛生，英制多肉食，水手尤易患壞血之症。當局者有鑒於斯，特准北緯三十九度以南諸船隻，酌量調換食品，餅乾得代以鬆脆之麪包，北海鱈魚（又名大口魚）得代以鹹魚乾，此外主要交換品有如下表：

每肉一餐得代以麪包三磅，葡萄乾一磅，或小葡萄乾半磅，或精製羊脂半磅作代。

魚一條換米四磅。

牛油一磅，或薩符克乾酪二磅，換橄欖油一品脫。

啤酒一加侖換葡萄酒一夸脫，或燒酒半品脫。

英水手有以上交換品，所得食品不獨與荷蘭「印度商船」中所供給者相彷彿，即與當地諸商船之飲食較，亦相差無幾矣。試觀適氏自巴達維亞航至錫蘭時舟中之飲食如何，即可瞭然。其時食品如次：

每星期：餅乾二磅，醋半品脫，里斯本（Lisbon）油一及耳。

每日：熟飯半磅，椰油半品脫，水一品脫半。

星期日及星期四：肉四分之三磅。

星期二：鹹肉一夸頓（quartern）半。

星期一、三、五、六：灰豌豆（與醋及油同食）。

惟英水手酷嗜牛肉啤酒，不問其飲食適合科學方法與否，此等交換品能否適用，又爲一問題。

波得安船長，著有關於海中服務之六種談話（註六十）一書，船長亦爲其中談話者之一，有誠懇之忠告如下：

「吾國患腦沖血等傳染症者，較他國爲多，舟中食料，鹹肉過多，蓋亦疾病之一大原因也。吾人以爲非改良不可。夫西班牙、意大利等諸民族，專恃米、麥、餅食、香蕉、橄欖油等爲生，吾人固不易取法，惟至少須效鄰邦荷人之飲食，少啖魚肉，而以豌豆、牛油、乾酪及所謂白肉等代之。」隊長當即答云：「吾水手視肉如命，寧不顧疾病之危險，不願變更其習慣食制，即以一小塊之微亦不肯輕易放棄，此改革之所以難行也。」

據比普斯（Pepys）所云，當時商界之飯食，與海軍相較，似亦未見豐盛，——東印度公司之饍食尚佳，（註六十一）——惟彼所言者，蓋僅指質料而未及種類，當時多智之商人至東方營業，常備有食品多種。一七〇四年時有船名「馬麗·加萊」（Mary Galley）者，航行東印度，查其存貨表，除牛舌等珍品專供客艙乘客之用外，麵粉、雀麥以及糖果等品，均有備置，供船員享用，即一證也。（註六十二）

總之，水手以能得食品與否，及所得食品可口與否，爲一最大問題，至餅乾、牛肉及啤酒等物之性質如何，則不加考究，此爲閱讀航海史者所公認之事實也。英王查理第二在位時，英海軍固腐敗已極；不料資產豐富之荷蘭東印度公司之航政，乃亦弊端百出。當佛氏未抵角時，船中不獨乾酪及啤酒，已告罄盡，即燒酒亦幾不能供給，而『肉湯有如鹽水，豌豆半生半熟，水料濁而發臭』，均爲其缺點之一斑。適氏之船，啤酒雖能支持稍久，惟自好望角至爪哇，途中飲食不豐，『船員爲之不快』而巴達維亞至錫蘭之航程中，闔船又陷於窮困之境。

昔日交通不便，飲食劣而不豐，人數多而衛生建設少，均足使人民畏縮不敢前進，羣視東印度爲畏途也。「丹拿特號」未抵聖保羅島（St. Paul's Rocks）時，舟中『患水腫者有之，患赤痢者有之，患壞血症者有之』。航船幾類病院。更據佛氏之記載，謂自聖保羅島至好望角一帶，舟中年長者無一不染「天花」之症。適氏所述，更形慘悽，謂亞細亞號途經「無風帶」，九日內死亡六十二人。

公司若不於角上設一停憩所，則各船損失，將更浩大，故一六二五年桌面灣居留地之設置，不獨爲保護長途航程之唯一計劃，亦各船得修繕器械，整理貨物之良好機會也。該地復豐『生菜、黃芽菜、蘿蔔，以及各種菜蔬』，可治壞血之症。初公司利用聖希利那島作同樣之事務，迨佔領斯角後，乃將希島放棄成爲英公司之海中逆旅。

當時航海除疾病之騷擾外其他險阻，不一而足，讀佛適二氏之文，即可窺其一斑。而海上保險之種種，如「波濤、戰爭、火災、仇敵、海盜、海竊、損貨……」等險，尤足令人驚惶餒志。佛氏離國時，適逢歐洲短時期的停戰和平之秋，而適氏之舟經艦隊護送，不獨對於歐邦仇敵有嚴密之防範，即對於法國北部丹刻克 (Dunkirk) 之惡寇，亦未嘗不有相當準備焉。

爪哇土著之戰船，固不足懼，惟佛氏親歷之萬丹一戰，荷方傷大船二艘，小艇數具，然則歐艦之工作，似亦過於示威運動矣。顧經商亦與戰爭有同等之危險，適氏嘗有經驗之談，謂大西洋航程中，非洲北部阿爾及利亞 (Algeria) 與摩爾 (Moor) 兩族人之海盜，滋擾特甚；馬來羣島境內海寇亦多，爲航海之唯一障礙物。當佛氏服務之最後時期，巽他海峽非武裝戒備之船隻，不能通行，而公司當局竟「置若罔聞」，迨其「呇厘號」被捕焚毀後，始稍加干涉焉。

船中失火爆炸等事時有所聞，此與服務紀律似有密切關係。佛氏乘「歐羅巴號」自錫蘭島返吧城後，該船不久即失火焚毀；氏又目擊「象號」(Elephant) 於吧城炸裂，見『人身飛入空中中有數人，竟越過吾船之頂』爲之戰慄不已。適氏於一六七六年親見「烏得勒支號」（Utrecht）載胡椒四百拉斯脫，（last 每拉約合四千磅）於吧城焚爲灰燼，一六八〇年又見三船於科倫波登陸時裂爲粉碎。噫！即此一端，可見水手之粗心大意矣。

至海中最危險者，莫如「波瀾之禍」；當時「印度商船」之構造與駕駛法，固係採用最新航海學識，顧在十七世紀即最優等之船舶，終未免笨重拙陋，而航海學又以缺乏經緯度之準確計算，及各種輿圖指導書之充分設置，(註六十三)大部分專恃經驗。此等船隻又須航經大洋風及東方諸海颶風範圍之內，營業於偏僻荒涼之區，旅客無好奇癖若佛氏之深者，其志自足以沮喪矣。

佛氏出國時所乘之丹拿特號，中途沈沒，計喪三百命；渡印度洋時，亞齊附近風雨交作，十一船中二艘刮滅無蹤；暹羅航程中三船之一，擱淺不能行，備受困苦，僅免於難；而「獅子號」（Lion）又於尼古巴羣島（Nicobars）附近遭滅頂之災。至於小禍小災，氏所見更多，彼對於毛里士附近之風潮，有詳細之描寫，謂「歐羅巴號」漏空過多，水手不得不傾折船身，將量重之大礮移置一邊，盡力抽壓，以制流水。亞齊之難，其船裹以「四倍錨繩」，始不爲猛浪所擊破。「亞細亞號」航向日本，中途被狂風刮去舵槳，祇得泊留馬尼拉灣以修繕。是以佛氏航海多年，其感想得見於其論文，——對於「厄克爾盧號」(Eckersloo) 擱淺事件之公正評論——謂『以二三船作長途航行，而欲免於災禍，實爲不可能之事。』

適氏度海中生活，爲日無多，然亦遇有不幸之事。出峽後卽遭戰禍，萬丹至錫蘭之行，船帆被折；科倫波至加爾港之行，又遭覆船之險；回國時副隊長犧牲貴重香料四百拉斯脫，其船始免於沈滅。一六八〇年，科倫波岸旁二船炸毀，其中損失，適氏亦有記載。

故就本書二位作者經驗所及之一切水火諸災，列成一表，定足驚人。中有不能避免者，卽最大最靈巧之船隻，亦將失其效用。此外又不得不歸罪於公司之吝嗇。長官對於壞船，不願出資修理，故「歐羅巴號」與適氏回國時所乘之船，據云均已「破舊不堪」。後者竟至「駛行無力」，而氏自吧城至科倫波時，其伴船之唧筒已無施用之可能。且船長多八九十歲之老翁，在茫茫大海中航行，豈能一帆風順哉。

對(Day)氏所著僑居爪哇之荷人一書中，謂十八世紀初葉，商船歸國時所受之損失，其原因當歸於「公司官吏私販貨物裝載過重」（註六十四）之事實；故當時人民無論如何，每以回航爲莫大畏途。佛氏有言云：

「光陰如水逝，而膽怯畏餒，克制素願，遲遲不敢返國者，奚止數百人。……覆船遇險之新聞，時有傳來，或半隊失蹤，或全軍覆沒，彼等之恐慌，乃亦日甚一日。」

其言當無疑義，然則十七世紀度海上生活者之危險，可見一斑矣。幸佛氏爲一硬漢，不畏艱險，此吾人當額手稱頌者也。

* * * * *

本文參考材料及註釋

（註一）「霍屯督人」爲非洲西南部土著，此種人自稱 Khoi=Khoin 或 Quae=Quae，其意卽「人中之人」。霍屯督之名，係荷蘭人初殖民此地時所創用者，由摹擬土人言語而來，並無若何意義。在向來旅行家之著作中，此名除 Hottentots 之拼法外，尚有 Ottentats，Hot-tots，Hodmadods 及 Hodmandods 等等。本書所據之英譯本用 "Cape Hottentots" 二字，此乃指半島西部之土著而言。依 Gustav Fritsch 氏之研究，霍屯督人分爲三部落，在半島西部至 Kaffraria 一帶者爲 Cape Hottentots，在 Orange River 之右

邊一帶者爲 Koranna；在南非洲之西陲者爲 Namaqua。（素封誌）

（註二）此處所謂之新加人，即指今之錫蘭島 (Ceylon) 上土著。錫蘭島一名之梵文聲音爲 Sinhala，或 Sinhaladvipa Sinhala 加 -ese 成 Sinhalese，即錫蘭人也。此外尚有 Cingalese 及 Singhalese 等拼法。（素封註）

（註三）香料羣島亦稱丁香羣島 (Spice Islands) 即摩鹿哥羣島 (Molukkas Islands 或作 Moluccas Is.)，以產香料著稱於世，故名。其初本爲哈爾馬黑拉 (Halmaheira) 西海岸沿邊一羣火山島之專稱，今則西里伯斯島 (Celebes) 東方諸島，以及北方之哈爾馬黑拉、摩羅泰伊 (Marotai)、峇漳 (Batjan)、窩米 (Obi)；南方之西蘭 (Ceram)、務羅 (Buru)、安汶 (Ambon)、及萬蘭 (Banda) 等島，更加入安汶府管轄之亞汝 (Aru) 羈衣 (Kei) 與知茂拉聿 (Timor Laut) 等島，皆列入香料羣島之區域。詳見劉士木先生編香料羣島誌。（素封註）

（註四）印度則早已有英國建設之工廠，惟英國公司之目的物，乃在香料羣島方面之商業。

（註五）一八八五年 Hirscty 所著之 *Biographisches Lexicon* 一書上，謂烏爾穆城之 Melchior F. Frick (Friccius) 氏曾著有 *Tractatus medicus de Virtute venerorum medica*，於一六九三年出版，此外並有其他醫書。

（註六）即福爾斯灣 (False Bay) 上之漢克利浦角 (Cape Hangklip)。

（註七）佛蘭克氏謂抵吧城後五月，戰爭即爆發，或係屬稿時將日期弄錯。

（註八）荷蘭文譯本如此。惟查佛氏德文原書，僅云彼爲船中軍醫或軍醫處主任。

（註九）本書第一八〇頁有乘「給爾德蘭號」(Gelderland) 過波斯海岸一句，惟對此行無詳細敍述，抑係第二次之東航耶?

（註十）見 Petty 氏著之 *Political Arithmetick* 及 C. H. Hall 編輯之 *Economic Writings of Sir W. Petty*, Cambridge, 1899, pp. 251, 258.

（註十一）見 *A New Discourse of Trade*, 1698, p. 1.

（註十二）是否曾訂立一正式條約，尙屬疑問。詳見 Corbett 著 *Drake and the Tudor Navy*, Vol. I, pp. 299-300.

（註十三）關於蔣士哥登氏 (Linschoten) 對東印度公司成立之影響的史料，請參閱 Sir William Hunter 著 *A History of British India*, Vol. 1, pp. 230-235.

（註十四）見 Hunter 著上書 p. 135.

（註十五）見 Hunter: *A History of British India*, Vol. I, p. 238 及 Clive Day 著 *The Dutch in Java*, p. 40.

（註十六）盾爲荷幣單位，名 gulden 或 guilder。當時每盾値一先令八辨士，或二先令，因有此二數。按英國公司自一六〇〇年至一六一二年共出航九次，每次資本均在五萬鎊之上。歷屆集合資本，計自一六一三年至一六五七年間，有時爲數甚鉅。一六一三年至一六一六年四年貿易之總投資額爲四二九、〇〇〇鎊；其間徵收約總數四分之一，此爲第一屆。第二屆係自一六一七年至一六二〇年，資本總額達一、六二九、〇四〇鎊，共出航三次。

惟此種資本非永久之資本，不能使公司商務有巨體的發展，營業時期一過，卽須分別處理。一六五七年，當荷蘭東印度公司成立五十餘年之後，有克朗威爾大法章 (Cromwell's Charter) 頒布，依此法章所規定之公司永久資金爲七三九、七八二鎊，其實收數爲三六九、八九一鎊。請參閱 Hunter 著 *A History of British India*, Vol. I, pp. 306-7, 364; Vol. II, pp. 135, 177 n. 2.

（註十七）見 Hunter 著：前書第一册頁三四一。

（註十八）見 Cap. A. C. Tewar：*The Voyages and Travels of Captain Nathaniel Uring*, pp. 104-5.

（註十九）欲知安汶事件之底蘊，請閱 Hunter 著：*A History of British India*, Vol. I, pp. 383-429.

（註二十）譯者見沈鐵崖編譯之蘭領東印度史所載，與本書稍有不同，特錄於下，以資參考：

『安汶島依一六一九年之約定，英國商館不得建於荷蘭佛多禮城塞之內……一日有英國商館內之員役日本人，入於荷蘭城塞內之禁止地域，荷蘭官長士彼字爾氏以其無理由，遂捕而審問之。依日本人所供，英國人得多數日本人之後援，陰謀殺戮荷蘭人，以奪取城塞。此入於荷蘭人城塞之日本人，卽其所派之密探。事實既明，士彼字爾氏大驚駭，乃逮捕一般英國人，桎梏考問，得其陰謀確證，遂處其有關係之英國人九人，日本人九人及葡萄牙人一人以死刑……』

（註二十一）法國之東印度公司 (French East India Company) 於一六六四年始成立，營業之初，僅限於印度本部。丹麥公司 (Danish Company) 於一六一四年創辦，並於印度卡魯滿德海濱 (Coromandel Coast) 之德拉克巴 (Tranquebar) 地方，設一工廠；只因資本短少，故不足爲東方商戰場中之勁敵也。

（註二十二）據 1664-1667 年出版 *Court Minutes* 第八十五頁所載，東印度公司委員會曾於一六六四年決算是年對外貿易總額計蘇拉特船貨八百噸，貨價五萬鎊；卡魯滿德海岸及灣船貨一千噸，貨價六萬鎊；又萬丹船貨一千噸，貨價一萬八千鎊。

（註二十三）參閱下列三書：

甲、Sir William Foster: *John Company*, pp. 97-120.

乙、*A Justification of the Directors of the Netherlands East India Company....translated out of Dutch*, London, 1688.

丙、*An Impartial Vindication of East India Company*, London, 1688.

（註二十四）本節錄自 Anderson 所著之 *English Intercourse with Siam*, p. 171.

（註二十五）英商獨立經營者仍得居留此地，商船亦可自由買賣非違禁品。見本書佛蘭克氏之記述，及 *The Papers of Thomas Bowrey* 一書中之 *Mary Galley* 航海記（Hakluyt Society 出版。）

（註二十六）見 Charles Davenant: *Political and Commercial Works*, 1771, Vol. V, p 45).

（註二十七）欲知此數事之詳細情形，請閱下列二書：

甲、P. E. Pieris: *Ceylon and the Portuguese*, Ceylon, 1920.

乙、Pieris: *Ceylon and the Hollanders*, Ceylon, 1918.

（註二十八）見 Pieris: *Ceylon and the Portuguese*, p. 271.

(註二十九)見上書 p. 288.

(註三十)老顧英思氏 (Elder Van Goens) 於是年調往爪哇，曾於一六七八年至一六八一年在巴達維亞任東印度總督之職。

(註三十一)見 Pieris: *Ceylon and the Hollanders*, p. 30.

(註三十二)見 *An Historical Relation of the Island of Ceylon*, 1681.

(註三十三)見 Day: *The Dutch in Java*, p. 52, n 3.

(註三十四)見 Day: *The Dutch in Java*, 及 Hunter: *A History of British India*, Vol. I. p. 343 所載違禁商品一覽表。

(註三十五)見 Hunter 著上書第一册 pp. 343-4.

(註三十六)見 Day: *The Dutch in Java*, p. 102.

(註三十七)見 *Political and Commercial Works*, 1771 Ed., Vol. I, p. 120.

(註三十八)見 Day 著上書第六十三頁。

(註三十九)每「盾」以最高價格二先令計算。

(註四十)見 Day 著前書第九十六頁。

(註四十一)見 Hunter 著 *British India*, Vol. II, pp. 160-1.

(註四十二)見 Day 著前書第九十九頁。

(註四十三)見 Hunter 著前書第二册頁一七六。

(註四十四)見 Day 著前書頁七〇——七九。

(註四十五)據 Sewel 氏 *Dutch-English Dictionary* 之訓釋，則 Fluit 及 Fluitchip 二字均作 a flyboat 解。

(註四十六)「buttocks」一字據 *Dict. Marine* (航海字典)所釋爲「船尾部舵下之凸形物也。」

「Gothic」係一形容詞，在建築上指將重量及伸引力蘊中於扶壁上，且以尖拱代羅馬式之圓拱。此式初行於法國北部，自一一六〇年左右至十五世紀而盛行於西歐。譯文所謂「峨斯族型式建築」，即指此式而言也。

(註四十七)見 Morton Nance: *Sailing Ship Models*, 51, 68; 第二十圖，第四十圖，及第五十圖。又 Jal 氏在一八四〇年出版之 *Glossaire Nautique* 一書中，謂荷蘭文 fluit 一字係由法文 flute 一名詞演變而來；今法文中所稱之 armée en flûte 即英文之 man-of-war (戰艦)，可以爲證。Jal 氏嘗曰：Nom d'un navire de charge, à fond plat, large, gros et lourd dont la poupe était rond.

(註四十八)即指 Morton Nance: *Sailing Ship Models*.

(註四十九)見 *Sailing Ship Models* 第二十一圖，及六十八與六十九頁上之註釋。

(註五十)見 *An Impartial Vindication*, p. 87.

(註五十一)參閱下列二書：

甲、Nance: *Sailing Ship Models*, pp. 67, 70; Plates 12, 13, 31 and 33.

乙、Tanner: *Catalogue of the Pepysian MSS.*, Navy Records Society 出版，Vol. I, pp. 225-6, 237

及船數表。

(註五十二)見 Falconer: *Dict. Marine,* 1769.

(註五十三)一六二五年英國出航加的斯 (Cadiz),曾頒布法令,嚴禁船上人員在甲板 (forecastle) 以外的地方吸煙,詳見 Corbett 所著 *Fighting Instructions,* p. 54, Navy Records Society 出版。

(註五十四)見 Corbett: *Fighting Instructions,* p. 94. 及註釋。其中所謂隊長者,係指全隊而言,非僅限於東印度諸船也。

(註五十五)見 Day: *The Dutch in Java,* p. 61.

(註五十六)見 Basil Lubbock: *The China Clippers,* pp. 327-8; 及 *The Colonial Clippers.*

(註五十七)同註五十五。

(註五十八)見 Lubbock: *The China Clippers,* pp. 263, 280.

(註五十九)見 J. R. Tanner: *Catalogue of the Pepysian MSS.,* Navy Records Society 出版, 1903, Vol. I, pp. 165-7.

(註六十)見 Captain Boteler 著 *Six Dialogues about Sea Services,* 此書於一六八五年出版,但作者脫稿於一六三五年前後。

(註六十一)見 Tanner 編輯之 *Samuel Pepy's Naval Minutes,* Navy Records Society 出版, p. 135.

（註六十二）見 *The Papers of Thomas Bowery*, Hakluyt Society 出版，pp. 194-5.

（註六十三）一七三〇年以前，六分儀尚未發明，測定緯度仍用十字器（cross-staff）及古式觀象儀（astrolabe）二物。經度大半由猜度而得。至太陰之觀察，亦尚在幼稚時代。迨一七三五年經線儀（chronometer）始告完成，至十八世紀末葉，始有人採用之者。

（註六十四）見本書正文第三六五頁。

東印度之航海及軍事紀實

第一種

【佛闌克氏曾於一六八〇年至一六八六年任荷蘭東印度公司軍醫】

第一章

著者述其火熱之旅行慾——其祖國之狀況，及其所就之職業——開始旅行生活：先過歐洲數國，最後抵阿姆斯特丹報名投考東印度公司軍醫，得被錄取——出航時之情況——在開往東印度之船隊上所見之命令、法規及習慣——航海及航海人員之感想。

余年漸長，意志漸定，每覺旅行異邦，爲余最大之慾望。惟其時尚未脫離青年時期，常受父母之束縛，不能如願以償；願夢想之中，無日不神遊異土也。余好讀旅行書籍，並冀書中事卽日實現。後讀書愈多，對世界各地之奇風怪俗，愈浮游於腦海，而旅行慾亦日增無已。最奇者，書中所述險事，均不足以寒吾膽，且以爲上帝有好生之德，必能救人於水火，並願親歷災禍，藉窺其權勢與智慧之奧妙。

吾人固無日無處，不能見上帝之權智，然事愈離奇，造物之神化益彰，吾人虔敬之心，亦可由之而激增也。

及後，余之年事與環境，皆容余遠遊，乃決意出外，冀於逆旅之中，以度吾青春時代之光陰。

一六七七年二月二十八日，余開始出發，以了生平之願，卽首至首都維也納，再趨匈牙利，然後經波希米亞（Bohemia）、摩拉維亞（Moravia）、西利西亞（Selesia）、薩克森及附近諸邦，而抵瑞士居沮利克（Zurich）凡六月。

然旅行他鄉之壯志，又促余離境，初擬至鄰近各國，未果，乃赴巴登（Baden），搭舟渡利馬江（Limat）。江係沮利克海（Zurich-Zee）之支流，經沮利克高（Zurichgow），由巴登而下，注於阿爾江（Aar）中。余在發特勗（Waldahut）地方改道，順萊因河而下，及至尼米根河（Nimeguen），乃由陸道赴烏得勒支（Utrecht），再由水道至阿姆斯特丹城，時已一六七九年之聖誕節矣。

城市建築宏偉，街道繁華，征人躑躅環顧，不禁愕然！惟自念征途茫茫，不知宜先趨何處，且不知如何可得航行東印度之良機。

正在猶豫不決之際，忽遇一仁慈之婦人，滿臉和善之氣；彼見余爲一生客，直詢找覓何人？擬往何處？余乃告以住所無着，不能得一棲宿之地，惟未述及擬租房屋之種類，蓋此時囊中所餘已無幾矣。婦深表同情，邀余至其「寒舍」（婦人自謙之辭），余見良機不可錯過，卽毫不躊躇而隨行。旣至，婦囑稍坐以待其夫返家。其夫係一泥水匠，在外工作，歸時天已昏黑。蒙慇懃招待，三人共坐一室，談笑言歡，除問答普通客話外，彼並詢余來此之意；余乃以實情告之，謂欲赴東印度羣島一遊，懇其助一臂之力，賜以南針。

伊人聞言，奇訝莫名，百計以阻吾行，因爲余述海中險事，將覆船、酷熱、飢餓等等一切喪生害命之見聞，歷述無遺，惟彼之描述愈生動，余之慾望愈激蕩，意志亦愈堅定，一似非險難不足以發吾遠航之興趣然。房主見余心志已決，未便相強，乃允爲竭力設法，介紹至東印度公司任事。

彼爲余介紹巨公數人，以便謀事，余欣然從命，親往拜詢。及見，余乃詳述志願，並懇賜予醫生之職。彼等聞余言後，莫不反覆探吾立志遠航之由來，並勸在未擇定職位之前，反覆三思，以免將來悔恨莫及；蓋一入公司之後，任期例須五年也。余答以無暇顧及一切，能償素願已足，我對此事已熟慮數載，久已決定前往，何來悔恨哉！彼等殊爲滿意，惟念余係一青年，竟能不顧險難，沈迷航海，一至於是，終有所不解。無何，卽引余至軍醫長官處受試。此處投考者共十二人，惟錄取者以六人爲限，錄取後合三人爲一組，派往船中服務，蓋此次出航東印度者，僅二船而已。

試畢，吾人各退至醫院廳中，靜待好音，此時心神不定，坐立不寧，未卜此次能錄取與否；顧是日人選猶未能決定，須於翌日受各委員之口試。余遵命前往，幸獲入選，並被指定在「丹拿特號」（Ternate）中服務，該船將與「歐羅巴號」（Europa）同航東印度。當人選未定之時，余較他人或稍爲鎮定，以爲己意旣決，固不必計較職位之大小，終可遂吾之志也。翌日果以年事太輕，未得醫師之職，但在六人之中，亦竟忝列末座，然亦出余意料之外矣。嗣由祕書一一詢問能否忠心任事，嚴守公司法規後，醫師全體宣誓，余就軍醫之職，後彼等各有助手一人，隨侍左右，月俸如下：

醫師——四十二盾（註一）供膳，登陸後以六大圓（rixdollers）（註一）折膳。

軍醫——二十八盾，供膳，登陸後以六大圓折膳。

助手（註二）——十四盾，供膳，登陸後酌給飯食費。

余等各得俸金二月，膳費十八天每天以荷幣三克令(schilling)(見註一)計。然後駕小艇三艘，往觀二船全體水手之情形。艇雖小而構造特精，在汪洋大海中航行，可以無虞；自阿姆斯特丹出發而至帖克塞耳(Texel)時，「丹拿特號」與「歐羅巴號」二船均在焉。帖克塞耳係一海口，離阿姆斯特丹約十六哩。途中和風習習（此時余名之爲和風，其實余已認之爲暴風），甚不利於吾船；故航行四日，始抵目的地。於是屏棄離念，準備長途飄泊；茲請將二船準備東航之情形爲讀者一言之。

船未離荷蘭之前，船員須齊集艙中，檢驗一過，給薪二月，惟正薪須經離岸約一浬許之士南(Tonnen)以後，方能發給；此後則無論前進或退回，均可按期支付。惟有時船於途中停泊數星期，如逢隆冬，船身凍結冰中等情，則薪金或略有折扣，否則公司損失過甚也。

啓程後，若一帆風順，則二三日後每人可得荷蘭乾酪五枚，由公司餽贈。同時闔船官員、兵丁及水手齊集船首，聽候編隊。全船共有二隊，一爲「太子隊」，一爲「毛黎士伯爵隊」，每人須指定其中之一，遇有事故，須列入工作，並須輪流防守。至編制方式，主桅上揭有圖表二紙，詳載一切，如船員姓名、防守時刻及秩序等，均誌其中。

太子隊先行防守，故稱第一哨。毛黎士隊爲第二哨，亦名犬哨。（註三）隊中有隊長一人，負召集指揮之職。每隊防守四小時後，由他哨接班。船中有警鐘一具，藉以報告時刻，放哨時警鐘大鳴，隊長厲聲訓話，誡止哨兵飲酒。另有「沙漏」（hour-glass）四段，由隊長及舵手備用；第一段漏過（每段祇半小時），彼等鳴鐘一下，第二段後，鳴鐘二下，此後每半小時增加一下。迨鐘聲大鳴，第一隊可以退防，由第二隊接班。

按諸公司制度，主帆頂上，須有一二人站立守候，惟航行東印度之士兵得免此苦役。回航時則亦須與其他水手受同等待遇，不過能出貲二十五大圓者，概在例外。

如舟中病者過多，則健全者須重行編隊，以求職務之平勻；如遇風浪收帆時，須全體工作，張帆向風時亦然。

船員中有玩忽其職守者，則以繩索之頭，擊臀一二百下，甚或過之，以示懲戒。早晚不列席祈禱者，則扣是日應得之酒與白蘭地。（註四）每人由公司發給聖歌集一册，以備晚間讚唱之用。

船中被褥，均係棉花製成，故晚間船員絕對不准在甲板下吸煙，以防不測；不若在他處可以便宜行事。艙中有大方箱一具，中置小針，圍火繩（註五）一根，長達一十至十二尋，以備燃煙之用。

當第三哨時，一人須留意飯食，蓋全體於祈禱之後即須進膳也。每日共膳三次，祈禱後全體鳴鐘，齊集各得燒酒一夸頓（quartum），其量亦約合吾國一夸頓（quartern）。

星期六每人可得餅乾五磅，油一夸頓，醋一夸頓，牛油半磅，惟須善自節食，蓋一星期之糧盡在此矣。每星期有肉食三次，船員逢星期二、星期六、及星期日可得牛肉或豬肉四分之三磅。惟此種肉類大抵浸於鹽汁之中，歷時已五六年，含水極多，故乾後其量不足半磅。

至於船中飲料，啤酒可公開啜飲，以飲完爲度，罄後用水代之。每人約得一夸耳（quart），亦足享用；惟船抵東印度後，如須繼續他航，則每份之量僅及前數之半，水之價値，於是激增，故欲竊一滴水，實與竊金錢同一困難。

船中處罰罪人之刑法，極爲嚴厲，後當詳述之。茲先將其犖犖大者，略爲諸君一述。

船員中有以武器戳傷同儕者，則縛於檣桅之上，由副官將小刀洞穿其掌，在手指下部或掌心，視罪之輕重而定，惟穿後卽不顧罪人須親將刀鋒忍痛拔出，方得恢復自由。毆擊船長或官長者，罪皆不赦；其刑罰也，則縛以繩於舟之一邊，投於海，於他邊提上，如是者凡三次，然後方准繞龍骨而起。按龍骨爲船底主木，自船首通至船舵；執刑者偶一不愼，未將充分繩索放下，受刑者不得沈於船底，擊於木上，或竟至腦漿迸裂，此刑名爲「拖龍骨」(keelhalen 英人名曰 heel-drawing)，惟僅限於海中應用。登陸後，再有犯此大罪者，則去其一手。隊長同時負監督之職，監察兵士之行爲，並督促曾經航海之老卒教練新兵。玩牌擲骰，均在嚴禁之例，船員偶一犯之，倘被隊長查出，則又難免於刑罰。雙陸象碁之類，倘可任意玩弄，但亦不可含賭博性質，以金錢爲目的物也。

余將告君以加入航行之方法，作深一層的討論。夫以荷、法、英、葡諸國之人民論，如有要事東渡，固應隨各國之情形，各擇其便利者爲之。然就荷蘭一國之民言，其行也，當以赴阿姆斯特丹爲最便，其地有專備東航之船隻，每年出發三次，航程至爲安全；無奈公司規則甚嚴，各船概不載客，欲乘之者，須有一固定之職位方可。

吾人既取道大爪哇而抵巴達維亞，自應脫離職守矣，然亦不能完全自由，蓋格於定章也。凡人公司服務者，首須訂立契約，十年之中，不能宣告離境，不能經營屬意之貨物，更不得居留安適之區域；可以買賣者，僅在摩鹿哥羣島而已。若有不遵條約，故犯之者，則不特財產須全部沒收，即一生名譽，亦因此犧牲。

如願專心爲公司服務者，除來回航行外，須工作五年，所駐區域，悉由公司支配，不能自主。至何處，較爲衞生，何地稍爲便利，更聽天由命，非妄想所可達，且駐定後絕少遷調。而奉命飄泊汪洋大海之中服役海上者，痛苦更甚。

航行東印度者，除精通荷語及商學，並有友朋襄助者外，絕少升擢上進之希望，蓋公司錄取之人員，常較原定額數多至二三倍，故欲得優良之職位，須有背景，然洵非易事。夫高官顯爵，出自低微，勤苦耐勞，賴上帝之力而上進者，固時或有之；其不得志，不獲命，老死不能上進者，亦比比皆是焉！因此，失望者有之，墮落者有之，慘情百出，筆墨難盡。尤以兵士之情形，最屬慘苦，月俸不過四大圓，飲食又劣而不豐；稍有知識者，孰願爲之。

兵士每年領薪二次，實得之數，猶不及原額之半，一部分代以衣服，然此種情形，已可稱爲最良好者矣，其餘須待回國後方能補足。每人於薪金之外，每月可得米四十磅，以代麪包，生活費四分之三大圓。

更甚者，公司所有屬地，除卡魯滿德與巴達維亞等地外，大都爲不衞生之區域，且設備簡陋，必需品無着，兵士生活極感困難；于役舟中者，更時感雲霧，易致疾病，加之刑罰酷厲，較歐洲任何國家所制定者爲甚，稍一觸法，必受嚴刑，奈何奈何！

由此觀之，非迫於饑饉，赤貧不能自給，或有他種極不得已之苦衷者，必不願貿然赴其地焉。余以爲君等如欲一觀印度羣島之情形，或欲至其地自由貿易，無寧加入英國公司。英人大度寬宏，屬下欲謀上進，或常處其地，在可能範圍之內，必有圓滿之辦法；若是，則吾人能勤苦忍耐，盡力操作，何患不能收優良之果哉！

*　*　*　*　*

（註一）荷蘭幣制單位曰 gulden，南洋荷屬地自昔通用之，此處我福建之華僑取此字之尾音，稱之曰「盾」，蓋「盾」與「-den」在福建音中相同也。gulden 在英文中書作 guilder。rijksdaalder（亦書作 rixdoller 或 ricksdoller）與 schilling（亦作 skilling）均爲銀幣。一盾值 20 stuivers，一個 rixdoller 值 50

stuivers。又一個 skilling 值 6 stuivers。故知每一 rixdoller 合二盾半，一個 stuiver 合五仙今荷蘭屬地尙通行此種幣制，惟合三十仙之 skilling 已不見矣。按 stuiver 一字亦作 stiver。每一 stuiver 之市價通常合英幣二「辨士」，惟據一六七二年 Thomas Scott 及一六九八年 Thomas Bowrey 之計算，則十個 stuivers 等於一「先令」，至於一盾則値一先令八辨士至二先令。rixdoller 合四先令二辨士至五先令。一 skilling 合六辨士至七辨士。餘以上折合數目統見 Hakluyt Society 出版之 *The Papers of Thomas Bowrey*，第[illegible]十三頁註一第四十三頁註三。

本譯本將 rijksdaalder 作「大圓」，schilling 作「克令」，又 stuiver 作「五仙錢」。

（註二）「助手」二字指醫生助手，係由 baber 一字譯來。按 baber 卽「理髮匠」。當十六世紀時，英國之理髮匠與牧師均爲醫生，理髮匠常助牧師施行外科手術。一五〇五年英國之愛丁堡理髮匠外科會曾領得政府之特允證書，詳見各種英國醫史專書。（素封註）

（註三）犬哨，英文稱作 cogwatch，係由德文原名 Hunde-wacht 而來，見導言第四〇頁之考證。

（註四）白蘭地係 brandy 一字之譯音，酒名，用葡萄汁發酵製成。

（註五）「火繩」由 match 一字譯來。

第二章

舟自帖克塞耳出發，抵加那列羣島，氣候炎熱——船長物故，舉行海葬——鯊魚爲害——過赤道時，病者激增——繞道聖保羅島，船於誤認之好望角附近遇險——該角與好望角本角之距離——抵角中後之一切情形——獅子山風光——獅與豬之鬭——土人與外人之風尙。

全船共有船員三百五十八人，齊集檢點一過，於一六八〇年五月底張帆啓行，斯時風和日麗，二船同時並進。次晨將曙時，舟已經多維（Dover）與克利斯（Calice）之間，二地相距約七浬，另有自米斯（Maes）駛往葡萄牙之游艇五艘，適於是日與吾船相接，葡國爲吾人必經之地，乃與之同行。

船行三四日後，仍見法蘭西橫臥左方，而右方之英倫亦遙遙相望。船上均平安，惟船長之子某，偶在舵邊觀望，失足落海。余等卽放艇施救，乃因船行過速，不及撈獲而返。沿路風平浪靜，及至薩爾瓦斯島（Salvagues）後，「歐羅巴號」轉舵他航，竟爾失蹤，同時吾船宣佈戒嚴，船員應司之職，應得之分，均於此時發表。

余等經上述諸島後，雖風勢逆轉，使余等不得不日轉索三四次，直至三星期後，終得望見加那列羣島（Pico de Canaria）（在英文中譯作Peak of Teneriff）乃向東北方之北面側風而行，張帆駛於兩島之間。加那利之高山，上干雲霄，其高度殆無比倫。時氣候炎熱，余等不得已將布高撐，時潤以水，使蔽陽光而求冷氣。然遙望雲端山巔，仍積雪重重焉。（此段曾由顧頡剛先生改正——素封。）

船長年已八十，曾三度東航，此時壽終正寢；於是全體會議，公舉彼得斯氏（Peter Peters）代理職務，同時將屍體舉行水葬大典。

通常水葬之法，係將屍體縛於木板，更繫磤彈二枚於其足，在晨禱後擲入海中，即算了事。惟吾儕於怱忙間未將磤彈繫上，僅置屍於板上，致其下水後飄泊多時，不能下沈。衆水手於是竊竊私議，有以爲屍體浮泛水面，面必東向，即百法轉移，仍能復其原狀云云。或不之信，乃下水實驗（此時波平浪靜）以棒撥屍體，使之倒轉，但立刻仍轉復原向，方知前言之不謬，惟其理爲何，不可知矣。

有時鯊魚或其他大魚出現，必將此等屍體吞去，惟據余推想所及，木板必可重行吐出耳。鯊魚一物，荷人因其喜食人肉呼之曰「食人魚」有巨嘴闊口其齒長而且利，物入其中定無生理；其長度約二十至二十四呎，平時隱匿船邊，以求食物。東印度羣島附近，最多此物，爲害殊甚。水手下海游泳，每遭其害。猶憶當吾船航至巴達維亞附近時，一水手在海中游泳，離船稍遠，突被拽入海中，倏忽之間，即與鬼同伍矣。老於海中者，大爲驚奇，蓋就彼等所知鯊魚之食人，僅一腿或一臂，甚或擇其中肥嫩者嚙之，未嘗將整個人身吞滅無蹤也。余在耶巴拉（Japara）附近，曾遇一漢，失其一肢，求余醫治；惟七日後仍因傷重而斃，亦遭鯊之難也。當吾船泊於溫羅斯特島（Onrust）邊時，一木工下海修繕機件，入水未幾，其肩被鯊魚咬去，余雖極力挽救，終屬無效，不三小時而命畢。凡此種種，均爲後事，姑先述之。茲請歸入正文，告君航行之情形。

是時余等在海中已及八星期，風勢極佳，惟燒酒、乾酪、煙草等品，逐漸告罄，溫度亦日漸增加，食物中且有不合於海中衞生者，鹹肉有如海水，豌豆半生半熟，水料腐而且濁，致病者不可勝數，舵船幾類病院。病人中以患水腫、赤痢及壞血症者爲多。於是健壯者遂與病者分居，健者宿於右舷，病者統居左舷。在聖保羅島之左約三十哩處，轉舵好望角，約七日後，風微甚，船中病者日多。此時流行最盛者，爲壞血與天花二症，年長者均不免於難，幸年輕者不久卽愈，痛苦消失。據余所知，此種病症，全係過熱所致，蓋此時余船已越赤道而在地球之另一面矣。

在此凄涼悲苦之情形中，吾人繼續前行，僅望不日達到好望角而已。惟天不佑，氣候大變，雪花紛飛，（此爲非洲常見之情形）有時天光昏暗，伸手不見五指。船長乃令人登上主帆之頂，專司探望之職，蓋船中人無一不渴望陸地之現於眼簾也。次晨余至領物處領取燒酒後，與友人共坐抽煙，正談論「水手發現陸地後欣喜之情形」時，忽聞舟中噪聲四起，羣呼「陸地陸地！」喜形於色。吾二人喜出望外，惟不解何以忽近陸岸。無何，船長奔出艙外，面無人色，頓足大呼曰：「天乎！余等皆無命矣！」方知事成僵局，船員面面相覷，束手無策。

斯時風勢忽然變厲，船身向岸上直撞，余等不及收帆，急將輪刺割去。大風過時，將帆刮去，砉然一聲，有如天崩地裂。吾儕徬徨不定，焦急萬分，當是時也，船忽爆裂，於是慘呼號哭之聲，滿佈空中，同懇彼萬能之上帝，救吾蒼生於萬一。至船中混亂之情形，讀者可以想見。三百四十三人無一不驚慌失措，船身仍繼續爆裂，最後船尾亦裂，海水沖入，全部沈沒。

船中人環顧四周，此方水深不見底，他方岸高不能達，實無法逃生，然猶無一不思竭力掙扎，希圖延命，是以各躍入海，盡力游泳，萬一能足踐實地，則生命有望，顧此岸有如高峯，加以大浪迫擊其上，實難涉足，奈何！

余在默禱上帝之頃，亦躍入海中，力游至岸，乃達而不可及，爲風浪擊脫者可二三次。時儕輩中已有安然出險者，惟亦無法搭救旁人，不過略事指導而已。其法固妙，然被難者均已驚惶過度，神經錯亂，祇知游泳而不顧前後，豈能循彼等之妙法而行哉！

最後一次，余又爲大浪迫退，離岸過遠，自思必無生望，不意一浪復來，將余衝回原處，手觸黏石，乃攀援而上，安抵陸地。

先余而至者凡三十五人，後至者凡七人，故生者共計不過四十三人：計有船長一，舵手一，余等軍醫三，木工三，廚夫差役槍手各一，水手二十二，兵士八，其餘三百人與船同歸於盡，亦云慘矣！

余等乃齊跪地上，叩謝上帝活命之恩，惟舉目四矚，均不知身在何處。同事三人又因飲水過多，遍體發寒，幾瀕於死。時船已全沈，不留一物，計損現金三萬二千八百大圓，貨物數千盾。

吾人探望多時，始知所處之地即錯認之好望角也。（註一）此角距好望角本角荷兵駐在地約四十哩，乃不得不深入內地以覓食宿，復以病人之累，眞困苦莫名。幸斯士豐產西瓜，吾輩即賴以果腹。

余等當此困難中，忽遙見霍屯督人（Hottentots）（註二）數名，惟彼等見吾輩來，即疾馳而去，因不獲交談。後遇稍通荷語者數人，乃以實情相告，彼等遂至督府代爲禀報。總督聞訊，另遣霍屯督人一隊兵士數列，前來接應；將病者安置草牀，肩擡而去。既至城中，蒙賜以葡萄酒、（註三）米飯及甜美水果多種，吾人飢餓已久，此時遂覺無物不香甜合口。

船長與舵手登角之後，急趨督府，詳述經過情形，並聲言此役實係天災，非彼等疏忽之過，藉輕其損貨喪生之罪。於是同居堡中，以待「歐羅巴號」之東來。同儕當初多猶豫未決，以爲此船或亦同遭厄運，後遲遲不下三星期，「歐羅巴號」始飄然遠來，故我宜先將角中之情形略告讀者。

一六五〇年，荷人築堡於好望角中，凡英、法等外國船隻過此，須繳納登陸費若干。此角之地位及物產均佳，故自歐洲至東印度者，非在此稍事休息，整理貨物不可。且山石之中，泉流湧出，各船在此，可得清鮮水料。其內地遍生果樹，惟在海邊，樹木時遭風雨之摧殘，不能生長。此種風雨，據云來自桌面山（'Tafel-bergh），故斯角因而遂有「風雨角」(Storm Cape)之稱。

荷兵駐於角中者，曾培植果園花園，佈種生菜、菘菜、蘿蔔以及胡瓜（cowcumbers）（註四）等物；遠渡重洋者食之均有大益。居民數百人，悉從事耕作，產米、麥、燕麥、葡萄等農作物；故此間亦有美酒良糕，與歐邦無異。

曾憶某日在自由民家午餐，飽食燻肉、鮮魚、生菜及牛油之類，所費僅荷幣一克令（折合英幣六辨士）；惟酒價至貴，每夸耳（quart）需荷銀半大圓（按即一盾二十五仙）。

此間除產與歐洲相同之大宗果樹外，並多檸檬及橘橙等樹，景色絕妙。

角邊有港名桌面灣（'Tafel- Baey），英人呼曰 'Table-Bay），其名由岸邊桌面山而得；該山山巔作平方形，故有是稱。距角之終點約五英里處，吾人可於海中遙見之，惟其間尚橫一嶺，形似猛獅，其頂與桌面山齊，尾入海中，故名獅子山（Lewen-bergh）。

余擬於離別好望角之前，一登其巔。因於某晚邀集同志數人，次晨前往。山距堡約一哩，余等奔走四小時，尚未能達其頂，然已精疲力盡矣。深恐時間過遲，猛獸外出，遭其毒害，又以山中雲霧重重，衣服盡溼，乃決意下山，抵堡時日已西沈，距黃昏祇半小時。吾願雖未得遂，然亦未聞先我有人能登其絕頂者。

此間物產豐富，故荷人得以賤價購買什用貨物，即一巨大之獸，其值亦不過二克令而已。

山中猛獸四伏，尤多猛獅與野豬。（註五）豬之背上，生有尖刺，長約一「指距」，（註六）鋒利無匹，可以用以代錐穿孔。督府大堂中，懸有獅皮二張，據云一獅由霍人射斃，一獅即為野豬刺死。相傳二獸爭鬬時，獅怒撲豬身，豬以刺反刺其腹，獅不敵，流血而死，豬亦同時畢命，二皮因同懸堂中，以誌紀念云。

此外尚有象與狒狒（bavians，吾人呼之曰 baboons）。狒狒形肖老人。某日，吾儕奉令往森林伐木，中有狂徒一人，曾於提羅爾（Tirol）（註七）因口角而擊斃一人，乃亡命外出，至東印度公司服務，是日隨衆往林間，欲稍事休息，因落於人後，其所攜小囊，亦遺棄路旁，適有一狒狒掩隱而來，攫囊而去，致其中麪包、乾酪及煙草等品，全被取去，羣衆引為話柄。

駝鳥亦爲此地常見之物，其卵鮮美異常。他如鸕鷀（sea raven）等鳥類，均爲吾輩不經見之物，惟在前人之著作中，已有述及之者，兹從略。

附近諸海中多北海鯨（North Capers）（註八），惟人民絕不捕捉之。此魚之鼻形如豚豕，能噴水高與屋齊，下降如暴雨，惟不傷人。吾人於角中時能見之。溪流之中，其他魚類亦多。某宵余等捕魚爲樂，張網僅二次，獲魚無數，其中以形似鯉者最多，龜鼈亦不少，竟不能攜歸其什一。

霍屯督族爲此地之土著，極瘠瘦貧弱，言語如火雞之鳴，不易明瞭。平時赤身露體，僅圍一羊皮，羊尾突出於陰部之前。彼等嗜食麵包，故當船隻抵角時，必蜂擁而上，向水手大呼曰「卜如瓜」（Broqua），或即言麵包也。

霍人習俗，幼時必割去其睾丸之一。其裝飾品均置於腿部，所謂裝飾品者，均爲牛羊之腑臟耳。彼等稍去其中糞穢，使之平妥，就潮溼時繞裹腿上，乾後黏貼不脫，引爲美觀。此種腑臟亦爲其食料之一，煮時稍加火力，而污穢之狀，仍不稍減。顧彼等雖飾之食之，殊使吾人望之作嘔也。其身因多塗污物，發奇臭，聞者掩鼻。

霍屯督人頭上置有小貝殼與銅環多種，以爲裝飾。銅環係水手自海外牛文山格（Neuren-bergh）攜歸贈送彼輩者。君若贈彼一枚，彼必能表現各種技術以資酬謝；中有一技頗非易舉，演者須將長矛射中遠處大如銅錢之箭靶云。

至其宗教，吾人因不通言語，不能知其底細，惟每見彼等於黎明時，羣集海岸，列成環形，舞蹈於沙土之上，舉首向天，喃喃作聲，再劃土成各種奇字奇形而散：此種舉動，必係向神靈祝禱無疑。余曾與一稍通荷語者交談，詢及彼等之信仰，及對於上帝之感想。據答辭所云，彼等似深信一人，能造山川萬物；其崇拜頂禮者，殆即此人。其餘情形，不得而知。

霍人爲優等跑手，奔走如飛，故荷人特設馬隊一營，以備彼等犯罪脫逃後追拿之用。伊人雖云呆笨逾常，然作惡時反見狡詐。當彼輩不覺饑餓時，絕對不願工作，雖鞭之至死亦屬無效；但若餓火中燒，則必自動操作，勤苦異常。如僱霍人作工，於其工作完畢之後，必須將約定之報酬，如數償付；若不踐所約，必有性命之虞。

彼等大都居於青草茂盛之區，從事畜牧；其房屋均用蘆葦構成。及四周青草爲畜類食盡後，乃移居他處。

余於前節所述及之「自由居民」均爲吾輩之同種，曾爲公司服役達十一二年，乃得在此耕種貿易，但須交納某種款項與乎公司所訂定之一切捐稅耳。其房屋均作荷蘭式，惟無祖國舍宇之精緻與高大而已。

公司爲抵消堡中費用計，特於此處經營商業，其主要商品，當推海狗（sea-dogs）。公司飭人廣爲捕捉，去其脂肪，曝乾其皮，運銷荷蘭。

當船隻抵埠時，即有專員在艙中朗誦諭令，禁止人民向霍屯督人採購任何物產，故稍有價值之貨品，如犀角、象牙及海狗皮之類，悉由公司專買。只有鴕鳥卵及其他零星貨品，列爲例外。

此間刑法，酷厲異常，對於異教徒處置尤嚴。余曾目擊三人因姦淫一耶教徒女僕而被弔於絞臺之上，凡十三四小時而畢命，可作明證。

此處每年共分四季，惟其時期與祖國不同，祖國之夏季，即此處之冬季。余處其地時，已在九月，尚屬春季；冬季氣候嚴寒，時有霧露，惟無霜雪云。

好望角之自然情形，及其風尙民情，就余所知者言，已盡於此；茲可告君吾船繼續航行之情形矣。

* * * * *

（註一）此誤認之好望角，乃福爾斯灣 (False Bay) 內之漢克利普角 (Cape Hangklip)。

（註二）參見導言之註一。

（註三）原譯文爲 Canary，係一種由葡萄釀成之酒，初產於 Canary 羣島，因此得名。

（註四）素封按 Cowcumber 或係 Cucumber 一字之別寫，此卽胡瓜，學名 *Cucumis sativus, L.*，原產於東印度，當時此地必多此物，姑譯此名，以待考證。

（註五）英譯本作 wild-boar （野豬），按此獸卽 *Sus leucomystax*, Temm. 其毛黑而粗，可製鞋刷，然不能用以代錐穿孔，產於亞洲南部。按原著者當日在好望角所見之野豬，應爲「疣豬」，學名爲 *Phacochaerus aethiopicus*，或其變種 *Macrocephalus africanus*，其英文名應作 wart hog。疣豬生粗鬃，背上及頸間有林立如錐之刺毛。素封誌。

（註六）指距之英名作 span，乃伸開拇指與小指間之距離，其長度向定爲九英寸，今已廢而不用。

（註七）Tirol 本書又作 Tyrol。

（註八）「北海鯨」爲鯨之一，據調查之結果：不外北極鯨（*Baloena mysticatus*）或南極鯨（*Baloena biscayensis*）二種。

第三章

作者乘「歐羅巴號」離好望角——船近聖毛黎士島時，風浪大作，四晝夜不得安寧——由巽他海峽而抵巴達維亞——吧城之城堡及政府之大概——居民之習俗，尤以華人之風尚最足注意——河中多鱷魚，居民稱之爲「客滿」(Caiman)，作者捕得數尾——虎、猴、椰子樹、芒果及香蕉等名產之概況。

余等居此多日，恢復原有精神，「歐羅巴號」時亦抵境，於是整備再渡重洋，向巴達維亞進發。起程時，風勢頗順，托上帝之庇，安出桌面灣時，角邊僅留英國遊艇一艘。

次日吾船順風出阿非利加境，遂卽入於大海之中矣。八日間張帆疾駛，過聖·毛黎士島(St. Maurice)；吾儕大喜，以爲可平安無事矣。不料吉化爲凶，喜轉爲悲，上帝胡不佑吾！霎時天光昏黑，狂風大作，船身振蕩不定，格格作響。船員驚惶失措，戰慄莫名，而雲愈聚愈濃，風愈轉愈厲，但聞呼嘯而不聞人聲，同時浪高數丈，大有侵吞萬物之勢。吾船忽聳忽落，危險萬分，船底又呈裂縫，海水行將衝入，余等不得不爲奴隸式之工作，盡力抽壓，歷時三晝夜，風浪猶未見平靜。就余個人論，生平從未作如斯之苦工，然此次亦不得不盡瘁操作；猶憶曾一氣作苦工四小時，眞非平日所能忍受者。此時事在危急，絕不顧及其他，惟望天公垂憐，救吾出險而已。然而風浪絕不稍減，反形劇厲，木工某竟自艙中翻出，苟非有人極力挽救，必致直墜海中，船身顛簸之烈，於此可見。余入貨艙，擬稍事休息，見艙中有自好望角攜來之羊數頭，均倒臥地上；此間船板不固，亦非安全之處，余乃步入艙房，擬在弔牀上略事休息，蓋軍醫所用之藥箱等等，均置其中也。不意其間箱籠物件，悉數傾落室中，零落混亂之狀，不堪入目，竟無法入內，不得已乃坐地稍息。未及三分鐘，忽聞一斷續之低聲吐出「上帝」二字，余大爲驚訝；遍處尋覓，瞥見老隊長橫臥箱下，已無生氣矣。於是奔告船長，船長於匆忙之間，似毫不注意此事，僅命投諸海中。吾儕遵命執行時，亦皆心懷紊亂，故僅去其鞋襪，亦未繫以彈丸，草草了事，任彼可憐之老人飄泊水面。

　　風浪歷四晚而不退，吾儕自料必無生望，乃召集全體祈禱，各至船首，緊握帆竿，靜聽船長之禱辭。船長以惟誠惟敬之語氣，求蒼天大施慈悲，拯救闔船之生命，否則將吾人之靈魂收入上界，使不致飄泊無所依歸云。

余等均非老於海中者，所感痛苦實難以言語形容。就余個人論，雖寄跡天涯，流轉東西，所遇危險，已非一次，終覺以前無論如何，必能身先同輩以自炫大無畏之精神；而此次不惟生命有絕大危險，即一切恐怖之情景，已足令我膽破而神喪矣。雖然事愈至危險絕望，上帝之權威美德，愈足令人欽仰，蓋第四日之清晨狂風轉和，空氣變清，波亦平而浪亦靜矣。余等於垂死之時得慶更生，全體伏地叩謝上帝，齊唱讚美詩，歎彼聖之美德而頌同儕之洪福。

於是船員從事整理修繕，並爲彌補漏縫，起見特將輜重移放一邊，使木工得着手工作；惟事未及半，氣候又變，大風怒號，其勢雖極順利，然舟中裂罅過多，吾輩不得不繼續抽壓。六日後，舟越聖毛黎士之緯度，而遙見阿姆斯特丹之聖·保羅山（St. Paul de Amsterdam），（註一）乃於其左方十六哩外直指大爪哇進發，渴望抵其首府巴達維亞；時舟中病者極多，中有七八人竟至不起，均投入海中。

當此時也，風勢至佳，糧食亦足，惟船中人終苦於病魔之糾纏，無一不望早日登陸。雖然，船距目的地尚有百餘哩焉，幸賴上帝之助，於最短期間安抵其地；及暮，一水手狂呼「陸地」，闔船人員聞言喜出望外，歡忭鼓舞，船長循例給此人金一個「打客」(Ducat)，合現金二大圓，外乾酪二枚，葡萄酒一瓶，以示奬勵。

吾儕乃重圖整理，塗繪長艇及檣船，(註二)使之美觀，並緊索錨纜，準備停泊，蓋航程不過四十哩矣。次晨駛行二小時後，發現船身已偏西三十哩，乃轉帆東航。數日後，始抵大爪哇五哩内之小島，當卽下碇登陸，採取椰子，攜歸分食。三日後，入巽他海道(Road of Sunda)，其間小舟繁多，土人名爲「不來問」(Prawen)(註三)，行駛極速，載各種果品，如椰子、香蕉、雞蛋之類。十一月晦日，吾船安抵吧城，停泊堡前。此行計死一十三命；另有病者二十八，留於船中。

余等叩謝上帝後，相互擁抱祝福，然後將槍礮卸落。船長親率數人上岸，求見總督，爾時司皮滿氏(John Speelman)(註四)在任，掌理東印度全屬政務，同時檢察長登船，將全船檢點一過。吾儕於是登陸，卸去貨物，將病人送入醫院，然後列隊進堡，站於總督府前。總督出而慰問，致歡迎辭，命都統編制隊伍，惟給假三日，以資休息。此後全體每日須集合於一指定地點，練習操作；迨訓練成熟後，乃遣往各地駐防。

余時往岸邊休息養神，自得其樂，後奉軍醫長官之命，派往距吧城約一哩之小堡中。該處有少尉一名，軍醫二名，槍手二名，統管大礮八尊，餘爲私兵，爲數六十。其地靠海鄰河，形勢優勝。河發源於吧城，有小艇往返其間，乘客以中國人爲多，大都往半哩外之某地朝拜神像，舉行各種儀節。華人名曰「廟」，荷人呼曰「交色」（Josie），（註五）外人多喜觀之。

至於巴達維亞，其城牆堡塞，均有記述之價值，余與賞之餘，深感阿姆斯特丹城未能及其精美。城之周圍約五六英里，惹卡德拉河（Kali Jacatra）穿流各處，有園繞全埠之概，居民賴以航至公園及其他娛樂場所；城牆均係精良之方石所砌成，四周遍植椰子、杉樹、（註六）及香蕉等，黃昏之後，散步於其濃蔭之下者頗多。

堡面臨海有稜堡四座，二通於海，名曰紅玉堡（Ruby）與珍珠堡（Pearl）；二達於城，名曰靑玉堡（Saphir）與鑽石堡（Diamond）。

稜堡均作正方形，以上等方石砌成，每堡有長礮十六尊，四周植檸檬與芒果等樹，濃蔭密佈，尤爲全景生色。以前全堡計有大門凡二，惟余居其地時，已另有第三大門矣。一門面海，爲貨物之出入口，故名水門；其他二門逕通城內，故名城門。堡之正中爲總督府，旁有二宅，爲二議員之住所，尙有四議員，均居城中，東印度政務之進行，全賴此六人籌畫。總督扈從不多，僅有親兵（halberdiers）一十二人，其制服與衛兵所穿者無異，惟有紅色與黃色之別耳！其中有一人於府前站崗，輪流値班，每班一小時。總督出外時，有騎兵步兵各一隊，親兵六人隨侍左右，此種兵丁均爲公家所雇用。總督歲入已較歐邦中一些王子爲大，其隨員月給，又不必破費分文。

堡中居民，除兵士之外，另有主要商人、幫辦員、簿記員、工匠（如鎗匠及鎖匠等）以及其他軍事方面人員。兵士於城門及稜堡各處，均有崗位，惟因時有遣調，人數增減無定。每日下午四時，全隊至操場演武，環繞總督府三周，有時總督親出檢閱，遍察全隊之車輛及行動，並注意武器之整齊與否。

如有怠惰不至練兵場者，須受嚴厲之處分，蓋軍法森嚴，不可兒戲也。如有於站崗時瞌睡者，初次罰以背負重量軍器數日，二次施以鞭撻，三次處死。

堡之四周有大河圍繞，中有石橋一座，上有環形之洞二十一個，直達刑場。場中置絞臺一座，刑輪一具，鞭柱一根，罪人均在此場受刑；場外另有小橋，(置有崗位)通城內總督街(Heere Straet)。

城中店鋪林立，除商店外有優等飲食處。居民極繁雜，如安汶人、馬拉巴人及馬丁加人(Mardigarians)僑居於此者，爲數均不少，而以華人爲最多。茲特暫置旁事，專談伊人之風尙。

華人機巧(註七)敏慧，爲最精明之商人，除鐘錶業外幾無業不有其店鋪。彼等所穿衣服，以藍色或白色者爲多，外衣殊寬敞，衣袖大而闊，長過手掌；袴亦作藍色或白色，寬大異常，長及足面；鞋亦甚闊，作匈牙利式，惟鞋底以紙板製成。故當行至汚溼之處時，必須除去，攜於手中，迨雙足洗淨後，始可重行套上；天雨時另有木鞋，其式與法國鄉人所穿者無異。

華人之髮，殊清潔，每週由其理髮匠修剪，用小針盤髻，插以龜貝梳，覆以馬騣網。故初見時，吾人常將其男子誤認爲女人。華人對於此物，寶貴異常，以爲可代表其名譽。其性嗜賭，破產後寧將妻孥售去再賭，必至家破人亡，乃將髮髻割去，是以此物亦爲賭博之最後物品。惟人若失去後，其人必致聲名掃地，降爲奴僕，終生僅可爲別人作交易矣。其鬚密而長，狀至美；吾曾見有頰上生鬚僅五六根者，但其長及足。

，華人多妻妾皆自呂宋島與孟加錫二處購來之婦女爲多，膚色不黑而帶黃，體格短小而整齊，視之如奴僕。主人死後，其子嗣將彼等全部出售，惟有一人，爲主人生前所最愛者，得復其自由，列爲上婦。其所生兒女，亦得入中華正宗，惟爲數不多；就余所知者言，僅二十八耳。華人有子而無女，余甚奇之，久索不得其故，後與一人相識，始明瞭個中眞相，蓋彼等有慘無人道坑斃女孩之風也。當婦人懷有身孕，腹漸隆大時，卽藏於屋內，免避外人之耳目，非產男兒，不願揭露佈云。將此事告余之人，同時堅囑勿將此事祕密轉告外人；彼等每晨必至河旁爲小兒洗澡，習以爲常。

華人結婚時，任人參觀，男女列隊而行，親友餽贈禮物，新夫婦所有財產，均公開陳列，門前設有筵席，並建平臺一座，上置各種特殊之樂器，如皷鼓（gungumma）及小鈴之類，音調頗足悅耳。途中及喜堂中滿佈鮮花美草；有時彼等乘舟由城中小河而至禮堂，髮垂耳旁，或散於水中。抵時，先祭神像，儀式如下：屋之一隅，設有祭臺，裝飾華美，上置泥像，長約九吋，身黑而有紅紋，面闊目大，鼻甚巨，鬚白而長，頭生二角，上塗各種顏色，其名曰「神像」（Josgin）（註八）男女卽向之合掌頂禮，求免一切災禍。

華人深信一神，能造世間萬物，並有慈悲之心，不降災禍於人間，所畏者惡魔之纏擾，必求天神驅除。故彼等對於神像，極端信仰，虔誠供奉，晚間燃紅色或黃色之燭於其前，並獻酒肉果品。次晨取下，由家人分食。

宴會時男女必分席，所用膳具僅木棒二條，相互交叉，與金匠用以取金銀葉之鐵柱形式略同，故取菜時至爲敏捷。此項器具清潔美觀，蓋即用以替代吾人所用之叉子者也。

彼等平時盤膝坐於蓆上，即有椅櫈，亦必踞膝而坐，是以雙足柔輭異常，可以放置頭後，靈便一如吾人之手。

茲可略述吧城之情形，作爲結束。此城亦有堅固之城牆，闊四十餘步，覆以泥土，其稜堡均用方石砌成，中有防守房，兵士每晚輪値駐此，如無特許狀，絕不可擅離職守。至此項特許狀，得者殊爲不易。城之四周，鑿有護城河，城上有大礮，均可旋轉，故一方可禦外來仇敵之攻擊，一方可防城內人民之暴動，且每街出入要道中，均置有槍礮，若有亂事發生，可以立刻制止。

此種設備，荷屬東印度各地，無處無之。其爲公司服役之人員，皆信仰耶教之歐人。此種僑居東印度之歐人有娶歐婦者，亦有娶土婦者。至其人之宗教、習慣與風俗，皆如其祖國，雖久居此間，仍可保持原形。

地方行政機關，由公司之職員與自由居民組織而成，其領袖長官一職，由議員之一任之。其權限有一定之範圍，若無總督之許狀時，不能直接處理任何事件。

至於外國人民，亦各有領袖，惟有關公衆之案件，或不服本族長官判斷之事件，悉須移交城中官廳處決，故其行政組織極爲嚴密。

巴達維亞城有四正門，曰烏得勒支門(Utrecht)、但爾夫脫門(Delft)、鹿特丹門(Rotterdam)及新開門(New-gate)。居民以華人爲最多，大半係遭韃靼(Tartars)之禍，逃亡至東印度因而繁殖者，瀕海諸鎮尤甚，其商業繁盛異常。

惹卡德拉河穿流各處，不獨爲吧城唯一水道，亦其主要裝飾品也。此外如花園、果園、遊戲場等，構造精良，佈置淸雅，均足爲城內之點綴；惟四周稻田不多，幸有萬丹及耶巴拉等處之米以補不足，以是人民食料可以無虞。蓋東印度各處，大都以米代麵包者。

河中多鱷魚，為害殊甚，余等於晚間常往河邊散步，鱷魚聞人聲，每逃入河中。因思設法捕之：余等捕鱷之法，係用長繩繫雙鉤上纏鋼條，並以麻繩緊裹鉤端，以防被魚所囓，準備既妥，然後縛狗於鉤上，置木板上，擲入河中，將長繩繫於樹幹，然後窺其動靜。移時，狗忽狂吠，蓋鱷已至也。魚聞犬聲，毫不恐懼，張口而吞，於是鉤亦隨入，刺於喉中，吾人竟獲成功。此後常以此法捕捉，獲者無數。其中最大一尾，長二十七呎，腹內有野羊二頭，黑孩一個，就擒後，余等以銃擊之再四，猶不死；不得已以鐵棍猛擊其首。兵士每得鱷魚，獻呈總督，循例可得六個「打客洞」(Ducatoon)(註九)銀幣之賞金，惟余所欲得者，僅其脂肪，因此物可用以治病也。

土民捕鱷時，常用網絡，危險殊甚，余在萬丹時，曾目擊一爪哇土著雙足為孽畜囓去，惟彼等不思改進，仍沿用此法。

鱷魚之外，耶巴得拉島(Japatra I.)多其他獸類，余最初之駐防地，接近森林，位於自吧城至其地之道中，為獵人必經之處。余時隨彼等前往觀其捕捉之法，請將當時情形略為諸君一談，首述某日獵夫之惡運。

是日甲乙二獵人得總督之許可，自由往森林行獵，既至其地，擬覓取野禽、野豬及野羊(Steen-Bockiens)之類以備歸呈總督。所謂野羊者形似兎而有小角，其肉鮮美異常。其初彼等坐於樹下，稍事休息；不意一虎突出勢極凶猛；依平日獵狩之情形而論，一虎何足奇，獵者如能鎮靜守候，以逸待勞，定可致之於死。惟其時猛獸之出也實出人意料之外，二人毫無準備，驚惶失措，甲急取獵銃，其伴適有火把在手，舉而亂搖，惟虎不之顧，直衝而來，一人竟爲所斃。當初甲已取得其銃，急發一彈，奈於忽忙之間，未中虎身，虎大怒前撲，棄其伴，攫其手，嚙去其三指，幸天公有知，槍聲再起時，畜倒地而死。然天漸昏黑，危險倍增，某甲焦急萬分，徬徨不定，念其伴仰臥地下，若棄而不顧，必爲羣獸之食品，乃緣樹而上，用索拽屍身至頂，復感創傷之痛，戰慄不已。移時，又有二野豬羣來，甲在上不能見其眞形，乃聞撕裂之聲。而屍身之血，滴滴下墜，畜類咆哮愈甚，彼乃不顧東西，開槍掃射，僅死其一，及天光大明，海岸清晰在望，始敢下樹，雖其屍伴，棄虎豬，逕至吾堡求治，並述遭禍之始末。少尉當即報告大佐(major general)，大佐令軍曹率兵士六人，黑奴六名，擕帶棺具，與傷者同至流血地點，將屍身帶歸吧城，葬於馬來教會墓地。某甲則得賞金十二盾，升任伍長，並得額外撫恤金若干。

堡之地邊，幾皆爲鬱鬱之森林，年須由兵士斬伐一次。林中多獼猴，時作怪聲，駭人聽聞。吾人時往行獵，獲得猴子無數。計在吸煙一管之時間，每人可捕得一頭。猴多係良種，與非洲及美洲所產用以演戲者無異。此猴可以訓練，惟體質極弱，不能感受他種氣候及船舶之顚簸，故不易運至他處。余歸國時，曾攜一對，乃至船過熱帶氣候漸轉之後，二猴均患赤痢而死。

至於捕捉之法，吾人可利用該地盛產之椰子，鑽一小孔，孔眼之大小，須與猴爪同大，然後仍懸樹上。猴類發現孔洞，思得其中果肉而食之，必極力將爪伸入。惟其伸入指爪時，係將爪收合一處者；當其退出時，則不知將爪收合一處，以致不能縮出。同時捕捉者故作恐嚇，使其神經錯亂；當其掙扎下奔時，必與果同墜於地。蓋椰子之重量可五六磅焉。惟以此法捕捉，一次不過一頭，其同類有前車可鑑，必不敢再蹈覆轍。

某日余攜銃入林，窺見一猴，擬與之喜弄，因其地面潮溼，乃將鞋襪除去，追隨其後。不意猴亦見余，留神防範，竟將余引至迷途，幾不得返。此後以曠時過多，不再前往；且猴性狡詐，吾人若以銃射擊，而未致之死地，彼必以草塞創口，負傷奔逃，至吾人所不能及之處。所若中途不能支持，亦必死道側穴中，使人不易找尋。

自吾堡至吧城之道中，椰樹成行，樹蔭之下，余最喜散步。有時乘舟赴惹卡德拉堡，堡中多退伍士兵，約在吾堡之南二英里，適當耶巴拉與卡底里（Kartiri）之要衝，爲爪哇全島之主要出入口。旁有惹卡德拉河（堡名卽自河名而得），流經吧城而下，約一哩半注於海中。堡旁有火藥廠凡三，規模均極宏大，亦余足跡時至之處也。

四周田野，多爲耕地及園場，豐產各式水果，可以作日常食物，可以當修補上品，其間並多香蕉樹，其果甜美適口。園中杉樹（註十）高聳於果樹之上，青翠可愛，而椰樹與長綠果樹相間，更造成美滿之遮蔭。此種清涼世界之風光，若譬之爲人間天堂，洵非誇語；吾以爲此間植物之美，世界殆無與倫比者矣。

東印度羣島所產水果中，最重要者凡三，余將約略述之，諒君必不以爲贅也。

第一種名山竹果或紫密果（Manges Tanges）。（註十一）其大如蘋果，殼呈黑紫色，中有仁四枚，（註十二）相合緊合，顏色鮮明，投之於口，有如牛油，卽可溶散，其味之佳美，爲他種果品所不能及，誠無上良品也。此物和以砂糖及香料，盛於大號磁盆中，用於筵席，爲超等飲品；和水煎沸，以治赤痢，有神效。樹身形似桑樹，不易長大，植之者恆不能見其結果，偶而發生一二樹，亦必枯萎，另萌小芽取而植之，始可重行長大云。

第二種卽爲椰子，樹身自頂至踵，光滑異常，葉飄然四張，每樹結果二三十枚，垂於頂上。鄉人時取竹筒取樹汁，其法殊精巧，筒中約可盛果汁三四夸脫（quart），刺入樹中，可滿盛而出，歸置器中，或擕至吧城求售。故飲食店中均有此種汁料出售，其味甘美可口，氣候炎熱時飲之，尤爲暢快，且可用以製醋與燒酒。所成之酒，其力、味、色三項，均遠在吾國土酒之上。若和以水、酒、糖、檸檬汁等，可成一種最精良之檸檬酒，土人呼爲「麥沙克」(Massack)與「補拉卜」(Burabol)，英人則名之曰「平曲」酒（bunch）。

居民每取椰葉蓋屋，其葉肋則可作掃帚，印度全部之人民大都用之。椰子之外皮（註十三）可製火繩，易於燃燒，較諸歐人所用者爲佳。其果可搾油，仁肉之中有奶汁，可製乾酪及其他物品。果殼可以製杯匙，其功用不勝枚舉，另有專書述之。

第三種爲香蕉（Bissang-Figgs），（註十四）此間最普通之果品也。價極廉，而味絕美，歐人初來時，必首得此物；其形如波羅蜜，樹身似冬青，四季盛開，不凋不謝，葉大如傘，長約三呎半，（註十五）闊二呎，故居民易於誤信爲亞當與夏哇之圍裙，其用頗廣，可以蔽陽光、雨水，亦可用以代紙，包紮物件。

上述數種，均爲東印度最普通之果品，其餘物產中，亦有精美珍貴足資描述者，惟以免避繁贅起見，不再多述。

*　*　*　*　*

（註一）阿姆斯特丹之聖保羅山卽聖・保羅（St. Paul）與新阿姆斯特丹羣島（New Amsterdam Islands），均在印度洋中。羣島中設有「糧食棧」，專以救濟遇險之船隻。

（註二）據一七六九年 Falconer 氏著之 *Dicti. Marine*，謂長艇（Longboat）爲『船中最大而最堅固之艇，專備裝載錨、纜及沙袋（用作壓艙物者）等重物，其中置有桅檣及篷帆。』又檣船（shallop）係『一種重大而無甲板之船，有桅一、橫篷一、前帆一……亦可以名一種供二人或一人划搖之小艇。』詳見 Smyth: *Sailor's Word Book*, 1867.

（註三）素封按：巴達維亞人稱小船曰 Praboe（prahu），此乃馬來語；英譯本作 Prawen，想係誤排。

（註四）此處所述之 John Speelman，係 Cornelis Speelman 之誤，後者曾於一六八一年至一六八四年任東印度之總督。

（註五）素封按 Josie 一字，不見於商務之綜合英漢大辭典；此書僅有 Joss 一字，註爲「菩薩——葡萄牙所謂 deos (=god)之訛」。又據牛津出版之 *A New English Dictionary on Historical Principles* 之考證，大意謂在爪哇文中向稱中國之偶像及神之畫像爲 dejos，即 dēyos，繼而誤成 jos；於是英荷文中遂有 joss 之字。再後此字又由爪哇之萬丹或吧城傳至中國濱海之港口，而成「洋涇浜英語」(Pidgin English) 中之一字。實則此字既非中文亦非由中文演變而來者。現 Joss 一字有「廟」、「佛像」、「香」及「廟近居民」等意。荷蘭人所說之 Josie 乃由 joss 而來也。

（註六）素封按此處所稱之杉樹 (cedar) 或係指常磐聖柳 (*Casuarina equissetifolia*, Forst.) 而言。此樹馬來名 Tjemara，熱帶之人，常將此樹與椰子及香蕉等同植園庭之中。此樹頗高，葉如問荊，遠望作圓錐體，甚美觀。恐非一般辭書上所謂之 **East-Indian cedar (=*Cedrela Toona*, ROXB.)** 也。

（註七）英譯本作 cunning，此字在古英文中有「機巧」與「敏聰」之意，近代英文中釋作「狡黠」；茲循古義，蓋此書乃二百五十年前之作也。素封誌。

（註八）參見註五，惟英譯本在上節作 Jasgin，本段作 Jogin，詳見以上註五。

（註九）「打客洞」(Ducatoon) 乃古時通用於歐洲之銀幣名，亦有金者；十七世紀上半期，錫蘭島曾由荷蘭人採用之。此字亦拼作 ducaton, Ducattoon 或 duckatoon。素封註。

（註十）見註六。

（註十一）素封按英譯本之 Marges Tanges 卽 *Garcinia Mangostana,* L.。此果荷名 Manggistan，馬來名 Manggis，爲東印度最香甜可口之水果。其果之形狀，亦如原著者所記，外有紫色厚殼，肉如雪蜜，入口卽化。果分瓣而並連一處，瓣數最少四片，最多十片，以五片及六片者最多。果殼臍部有凸起，其數適與瓣數相同。余寄居爪哇北加浪岸（Pekalongan）時，曾見土人取此果，先割去其臍部，用作賭具者。

（註十二）素封按含有四仁之山竹果爲 *Garcinia lateriflora,* Bl.，馬來人呼作「野山竹」（Manggis oetan）或 Kĕmendjing kĕbo，外形雖似山竹，惟味酸，不及山竹遠甚。原著者謂之「四仁」果，必係 *Garcinia Mangostana*，由記憶錯誤所致。

（註十三）椰果皮部分二層，內係硬殼，外係一吋餘厚之纖維層，解之，可用以製繩或織地毯。

（註十四）英譯本之第三章中有 Bislan=gFiggs Bissang=Figgs 與 Bisang Figgs 等，其中有誤植之字粒。

第四章

作者自堡調往吧城醫院——荷蘭與萬丹開始戰爭——彼國之一切情形——先是萬丹國王受英人及丹麥之唆使，反對荷蘭人致東印度公司之事業大受影響——萬丹本屬耶巴拉王管轄——荷人滅惹卡德拉及耶巴拉後，正擬用同樣手段對付萬丹；適其國中老王與幼主發生爭執，血戰於是爆發——小王遣使至荷營乞援——戰爭之始末，荷蘭卒收漁翁之利。

居此九月，一令傳來，命余離境遷至城中醫院，診視病人。余處於斯本極舒適，今蒙公司好意遷調，又不得不用誠意接受任命狀。不料十四日後，公司又發一命，曉諭全體公務人員速自準備，向戰場出發。於是除少數駐防城門及堡壘者外，悉數齊集。但見場中萬頭鑽動，刀槍照耀。中有歐人數千，均係高強挺直之精兵。餘如安汶人、馬拉巴人、馬來人、馬狄克人（Mardikers）及峇厘人等各組小隊，各有長官。點名一過，全體在總督及委員之前宣誓。後由總督作極誠懇之訓話，大致為鼓勵士氣之辭，彼為使其言語更形動聽起見，允給每人一月之糧。

語畢，總督令半隊由文登（Dangerang）（註一）而進萬丹；文登爲萬丹之主要出入口，有大兵駐在。半隊逕趨水門，乘小艇登半哩外之戰艦，時東風緊作，艦隊啓碇向萬丹城挺進。茲將此事暫擱，應先述萬丹之情形，及戰爭之起因與主動力。

萬丹本係一強大之土國，自外人到此通商以來，更形發展。外人中以英格蘭、丹麥、西班牙、葡萄牙及荷蘭諸國人民爲多，惟對於鄰近之東印度公司，極爲不利。公司船隻自歐洲或其他各處東來時，不敢逕趨萬丹大道，須北渡三四百哩。其王雖常時襲擊吧城，水陸並進，但常爲公司所擊退。結果，萬丹王不能侵涉公司分毫，反受微損，然其始終不畏難，不氣餒，努力進行，以求達到目的，故知其實力實較公司爲強大也。

公司人員，每以此爲患，然不敢公然宣戰，祇得用和平之手腕，作友誼之聯絡，惜乎此計又不得逞，雙方終無好感。萬丹王既浮躁好戰，同時被不利於荷方之外人所包圍，更易於輕信人言，致與荷人斷絕交誼。英、丹二國人民，爲數既多，資產又富，商業又盛，思剷除荷人生利之根，故唆使國王反對荷人最力。

職是之故，荷人表面上雖與萬丹王保持友誼，實則無時不嚴加防範，蓋據調查所得，王正籌思密算，擬將荷人全部逐出巴達維亞也。此方乃亦善自準備，以擊破其計劃，並擬用離間之計，借刀殺人，使耶巴拉王與之反目。其後雖成事實，惟除小接觸外，絕少戰爭。萬丹既未受巨大損失，而荷人未得絲毫利益，固不免大失所望。荷人從中搬弄，初以爲於己有偌大勢力，耶巴拉王必能欣然從命，大舉侵入，以恢復其故土（萬丹係自耶巴拉王國分出者）初未料及有如此之結果也。

考余所述之大爪哇島本亦屬諸耶巴拉王，爾時斯土祇有一大王國，隸屬於馬打蘭王國(Dominion of the Great Mataran)之下。今則分裂爲三，卽耶巴拉、萬丹及惹卡德拉(Jacatra或名 Kartiri)是也。今日所稱爲巴達維亞者，昔日不過其中一部，隸屬於惹卡德拉王，後由葡人奪得，嗣又歸西班牙人，最後乃入荷人之手。

此後荷人屢攻惹卡德拉王，頗獲勝利，卒降之。復脅迫耶巴拉王，使無力助其鄰，而叛其主。余將至吧城時，公司曾與作戰，得獲全勝；加之祖國時遣新兵入境，而德國與荷蘭極爲友好，又時助大批精兵，故在東印度公司熟慮之下，覺其實力已不亞於萬丹，乃準備一決雌雄。

公司既有巨大之計劃，勝利在握。萬丹不幸國內發生糾葛，老王與幼主父子反目，乃予荷方以莫大之機會。其事如下：老王爲國效勞，盡瘁政事，擬樂享餘年，因將國事委諸二子；幼子理政務，長子掌教務，任「排格蘭·巴拜」(Bangerang Babay)，如吾國大主教之職，故實權悉爲幼主操握，王則退居道雅斯老堡，距萬丹城約四哩。

幼主即位後，數年來人民怨聲載道，尤以「補蓋爾榮」(Bourgerang)與「客瑞雅」(Kirria)二貴族，反對最烈。並向老王哭訴，謂幼主壓迫人民，恣意遊獵，彼等不能再事忍受。實則幼主之治國，與其他土王不同，大都取法乎君士坦丁堡者，蓋彼曾赴法、英、西、葡諸國，俄國(Muscovy)、設刺子(Schiras)、伊思巴罕(Ispahan)及日本、暹羅等地，將彼邦之方法施於己國，以求改善。惜乎國人頑固守舊，不願政治有所革新，於是羣相計劃，擬廢之而立其兄。

老王率扈從親兵，遄赴萬丹正堡，幼主聞訊，下令閉城，遣使問其所以，老王當即答覆。幼主一言不合，遽爾傳令放礮，攻其父營，大礮十六尊，齊向老王營中掃來。彼躬自督戰，親燃礮火，且因其父行將廢其君位，竟忘其（爲子）天職，而命一妾投前報告，謂彼已不受職位之縛束，願敬稟父以彈丸，蓋堡中不乏此等物也。

幼主自以爲其堡有堅固之城牆，與吧城無異，四周稜堡、溝渠、吊橋、大礮等，無一不備，糧食輜重，亦均無顧慮。兵士爲數三百，不若宮中妻妾爲多，皆可堅持到底（按土王習俗，須有妻妾一千二百人）。孰料礮火連天，城郭爲墟，人民四散奔逃，而英國及丹麥諸國僑民，與貴族聯絡，均投老王帳下，組成一絕大團體，築土垣，置巨礮，舉而反攻。其初幼主毫不沮喪，惟望外來資助；適堡中有荷人二，係自吧城逸出以避法網者，此時殷勤勸幼主乞援於公司，幼主乃指定其中一人作代表前往焉。此人自城牆弔下，乘小艇渡園河而入敵營，中途幾爲所阻，幸彼已居住爪哇及馬來等地十五載，深通土語，且已誓絕耶教而受「割禮」（註二），故得逢凶化吉，逕至總督府，轉述幼主之言。

荷人見機會已至，無暇顧及一切，即火速傳令召集全軍，剋日出發。余奉命侍候聖馬提尼大佐(St. Martini)親臨全役，故能歷歷道之，下文所記，均爲事實。

大佐督率水軍，另有海芝大尉(Captain Harzing)者，統領陸軍，二將同時出發，後者逕往文登，艦隊直指萬丹。海芝以爲此行可以調虎離山，將老王之兵力轉移至此，孰料此城堅固異常，莫可攻下。在此吾輩損失浩大，死傷精銳無數，勢將潰散；不得已劃防線，築堡壘，以免敵軍之襲擊，然後奮勇向前，節節進攻，及距堡約一哩之遙，疾趨其城腳，伏以炸彈，佈置妥善後，準備襲擊，乃燃放火線。無何，一彈炸發，堡牆裂一大洞，三四車可以並入，吾軍奉命衝進，惟深自恐懼，以爲必被擊退。不意彼等見吾輩蜂擁入內，竟至不敢抵抗，有四散奔逃者，有棄其武器者，於是追兵四出，屠殺之慘，史所未見。況堡門過小，兵士均須屈身而行，門口赤手空拳者爲數近五千，槍聲起時，血肉横飛，屍身堆積如山，世之慘人耳目者，殆無過於此矣。余等爲肅清濁氣計，命黑奴將屍首一一投諸文登河中。吾軍既奪得此塞，乃築建礮臺，預料此地不得安靜，非自守衛不可也。計自圍攻此城以來，爲時已六星期，精兵死喪無數，病者亦衆，蓋水中多硝質，不宜飲也。海芝氏躊躇不決，進退兩難，最後始決定大軍駐防此處，待艦隊在萬丹登陸後，再上前接應，此數日後之事也。

馬提尼大佐率大艦二十艘，每艘載水軍四五百人，礮船及蒸氣船等百艘，浩浩蕩蕩，直達萬丹岸旁。下令明晨二時登陸，先行檢察全隊，賜每人燒酒一幾耳，於是選最精壯者三十六人，負火藥多量，水手數百名，各攜斧鋤手彈，隨軍登陸。

吾軍距萬丹鎮約一礮之遙，目擊老王攻城，礮聲振耳。王所築堡壘高出民房，故能窺見吾隊；及見吾軍，當卽派大軍到岸築塞以制吾行。當是時也，幼主見援軍逼近，聞岸旁呼殺之聲，不覺大喜過望。蓋其時堡牆將傾，彼無時不在槍林彈雨之中也。今吾軍已至，敵軍無暇顧及彼方，不能照原定計劃進行，可以無虞矣。敵軍最注意者，爲吾隊登陸之處，此方艦隊，則於晚間啓碇離境，悄靜無聲，上行約一哩，靠近岸旁，然後重行停泊，裝置大礮。及一切佈置就緒，乃準備作戰。時蒸氣船及其他小艇，各載兵士百餘，向岸左右飛駛，敵人或亦早有準備，惟吾軍動作迅速，天未明時已將各事辦妥，彼等尚不及築堡以自衞耳。

大佐與六十親兵及軍醫等，登余船，發令鼓號聲鼓，全體登陸。敵軍位於森林之中，易於防守，因作強有力之抵抗。斯時也，槍礮縱橫，彈花紛飛，無絕大勇氣者，鮮敢上前迎戰，矧余等猶未上岸，而水深且及膝蓋耶！

奮鬬三小時，終未能登陸，最後五隊潰散；軍醫十二人，僅存五人，其餘身處水中，亦無能爲力。余等見無寸進，憤怒異常，乃親乘小艇，攜短槍數枝，拚死掃射。爪哇人始不敵而退，吾軍再前進攻，彼等卽退出森林，防守胸牆。故吾輩是晚露宿郊外，次晨黎明，重行攻城。

大佐見荷軍兵力大損，特調約阿謨（Jochem）隊長統帶黑奴隊衝鋒，彼躬自督戰，身親士卒，軍心以是大振；不幸正在調度指揮之時，一彈飛來，去其二指，彼猶手不停揮，俟由余包紮妥善後，又縱身上馬矣。

此役雖烈，然敵人之彈丸，似均自吾輩頭頂飛過，殊爲奇事；惟亦不能概論，余方與軍曹談論笑彼軍射擊術之不精時，一彈適中其身，倒斃余旁。

是時吾軍猶毫無勝利，隊長祇能保守己地，不能向前進展。大佐乃頒新令，鼓勵軍心。聲言此戰係全役中最重要之關鍵，若能奮勇破陣，則勝利在握。應賞先入敵營者三人，以銀百盾，奴僕二名，及掠奪品若干。此令一出，士氣復振。大佐親率卜老特納爾（Bleutner）與文柯兒（Winkl.r）二隊長之兵向前衝殺，以一當二；呼聲起時，煙霧迷漫，日月無光。及兩軍接近，開始肉搏，各棄其槍，一手擕彎鋒刀，（註三）一手執手溜炸彈，拚死奮鬭。黑人見荷軍奮不顧身，亦起而仿效，挺槍亂刺，故敵軍死傷之數，當不亞於文登一役也。

及敵軍棄械奔逃吾軍乃佔領此塞，大佐下令艦隊停止射擊，以免損喪同儕，一方率軍衝殺，達於斯比偉克堡（Speelwick）。堡中有敵軍多名惟無強固能力得免大戰。余等當即將船中大礮移置前方，水手各執刀斧斬開堡門，一擁而進，此塞又歸吾方所有。此間設備完全不必修築僅命黑人斬伐木材，彌補裂縫而已。

吾軍於此稍事休息，二日內各得餅乾白蘭地及燒酒等品，飽餐一頓後，大佐傳佈新令，重組左右兩翼各備野礮，向前推進。敵爲數三萬餘，氣吞山河，惟吾軍亦不畏餒，一方分兩翼包抄，一方互通聲氣。余正凝思默想，深恐吾軍寡不敵衆，以致全軍覆沒。忽聞爪哇人喊聲振天，如狂風暴雨，捲殺前來，不知者必不能信爲人類之呼號。幸我軍鎮定，勇氣倍增，槍礮連珠射去，且槍隊之後，列以矛隊，使敵軍無由攻入。然後以野礮十二尊，同時燃放，礮火之中，彼軍死者無數，他翼亦循序進攻，最後兩翼聯成一氣。三小時後，彼方竟放敢死隊（卽狂暴漢 Muck Speeler）（註四）出戰，其人均係瘋狂之徒，專作衝鋒陷陣或刺殺仇人之用，事前先吞雅片，故神經麻木，不知危險，此時狂奔前來，不顧一切，以頭挺撞，觸於矛尖，不戰自斃。如是血戰多時，王軍死亡數千，餘者放棄兵械，四散奔逃，吾隊蜂擁上前，劫奪無遺。

大佐乃率親兵等巡往堡中，幼主開門迎接，叩謝隆恩，再作擁抱之禮，表示誠懇親熱。先是，大佐曾發令，全軍駐於堡之四周，大礮三百餘尊，均須裝置妥善，礮手各站崗位。休息三日後，拔營入城，佔據斯比偉克（Speelwick）及補木（Boom）與其他稜堡，餘隊駐於英、法、丹麥等國之駐防地，尚有少數，留守後方堡中，蓋欲使吾軍勢力盡量發展，重要塞口悉歸吾所有也。余奉命率五軍醫入醫院服務，惟傷者過多，不遑兼顧，乃以病勢最輕者，送至巴達維亞院中。

老王大敗後，率殘軍退守道雅斯舊堡，集小艇數百艘準備反攻。自道雅斯與萬丹（Bantam）二河而出，直達海中，航至吧城大道，攻擊吾船；此時屠殺擄劫，無所不爲，後於溫羅斯特（Onrust）小島登陸，居民大遭毒害。吾軍爲抗止此外騷擾計，特遣戰艦數艘，小艇多具，載水兵出巡；余奉命爲「歐羅巴號」船長，該船載兵士八百名，軍醫三名，全隊在路透大尉（De Ruyter）（註五）統領之下，直趨道雅斯與萬丹二河，封鎖彼軍之出入口。

吾軍既抵其地，分爲二隊，一隊防守，一隊出巡，余亦後者之一分子也。次晨，航至脫布・補地

(Topper Hoadie) 小島遙見敵船百餘艘來往划游，路透大尉籌思之下，逆料此方實力不弱，足以抵抗；乃召集臨時會議，議決向前撲殺，於是各飲燒酒一幾耳，（荷人飲此最能壯膽）分成二隊，惟有密約，若聞信號，卽須重行團結。是日日間按兵不動，入晚乃四周包抄，將敵艦圍困中心，使其無路可出；非與吾軍交戰，卽須退至斯來比思 (Schlepse)。小島但該島周圍不及一浬，彼等登陸後，旣無糧草，又無接濟，必至自斃，因此勢非與吾人決一死戰不可，況其兵力猶數倍於吾艦耶！

敵軍處於上風，形勢優勝，二十小艇與四十隻雙聯單桅船 (Double Haekken) (註六)，長驅直入，擬先破吾艦，然後再遣散小艇。隊長不准還擊，傳令於甲板主帆之旁，及底甲板前部，設置屏障。小艇均伏於艦後，敵軍來時，可以齊出抵抗，吾輩再於屏障後裝置短槍，飭卒專司放射，餘軍各持刀斧槍銃，以備迎戰。當是時也，彼方連續射擊，惟無成效，及近吾船，乃放長梯躍入艦中，呼喝一聲，振動天地；吾軍則以逸待勞，揭開屏障，槍銃齊出，刀斧並舉，船上敵軍死亡殆盡，其餘擁上艦者，留於小艇中者，幾均作刀下之鬼。殘餘者狼狽思逃，又爲吾小舟所迫，死傷無數，至墜海中而爲吾軍擄歸者，皆放於前述之島中而餓斃。是役也，血流飄泊，海水爲紅。敵人死「歐羅巴號」之上者，可二百六十八，余等將傷者一一投棄海中，間有稍受微傷而知覺未失者，痛哭呼號，慘不忍聞。此方既告勝利，乃重行聯絡，檢點損失，結果共喪船長二名，舵手七名，官佐八名，私兵約三百八十名，黑奴七百名；此外大艦二艘，一名「英雄號」(Victor)，一名「亞米蘭號」(Ameland)，又小艇十八號，礮船七艘，小帆船(galliots)三隻亦被焚毀。總計敵人有艦可一百二十艘，無一完存者，所載兵丁約二萬四千人，均遭滅頂慘禍。

* * * * *

（註一）今日通作 Tangerang，素封按原著者常將馬來文 d 音之字拼 t 音，如第五章中 tida 作 dida 是。

（註二）「割禮」(circumcision) 南洋羣島土話作 Soenat，凡信奉回教者必須行之，所謂割者，係將男孩龜頭上之包皮割去者也。

（註三）「彎鋒刀」爲一種短刀，平而闊，背微彎，用以斬殺，而不能用以刺擊，惟於後世，水手所持之武器，大都名此。

（註四）muck speelers 者卽瘋狂行爲 (amuck) 之馬來人也。此種人於出動之先，每以雅片麻醉神經，以致不問是非，逢人便戮，故可用作戰時之衝鋒隊。考當時此種人之形況，大槪與北歐斯干的那維亞史中所述「醉酒狂戰之士」(berserk) 相似。

（註五）此人並非一六七六年逝世之著名路透大將 (Admiral de Ruyter)，或係其族中之一人。

（註六）或卽 Hacker 或 Haaka 船，有單桅，航行中國以南之海中。

第五章

艦隊重行聯絡，水戰爪哇軍——作者奉命返萬丹照料傷兵——國會議決追殺敵人——爪哇人與荷兵有不共戴天之仇，相恨切齒——小戰數場——荷軍自萬丹向道雅斯河出發——圍攻老王堡血戰多場，荷方損失頗大——爪哇貴族乞和被拒放火燒堡而逃——搶劫餘燼，作者發現地窖——追擊殘敵大將途遇天災。

吾軍軍容重振，痛飲黃龍，慶祝勝利，然後遣一舟至吧城向總督報告一切。餘軍與留守者重行聯絡；爪哇軍人屢擬衝出道雅斯河，惟吾隊把持塞口，無機可乘。敵人方假道小流，希圖襲擊，又爲此方窺見，不得不再次退卻。雖然，吾軍亦須於此道與吧城之間往來巡邏，加意防範，故小戰在所不免，惟無描述之價值耳。二月後，吾隊大半回至萬丹，餘者則繼續留守道雅斯河。

既抵萬丹，吾軍歸屬約阿謨大尉（Captain Jochem），與他隊同駐堡中，余亦其中一分子，因賃居唐人街，舒適異常。同時有幫辦二人，下級軍醫三人，各處一方，以便照料病人。彼輩並須時至余寓，報告病人狀況，領受指導，開取藥品，因院中重要藥品，悉存余處。餘如綳布、椰油及菜蔬等日常必需品，則另有老僕收管，但無余親筆字條，亦不得擅自取用。爾時傷者病者極衆，後者尤甚，日有增加，尤易染痢疾之症，有時竟至四肢不遂，是以吾人大有應接不暇之概。

當是時也，吾軍方準備繼續進攻，擬水陸並進，惟苦無實力，不得不稍事延宕，靜候吧城新兵。吾人所最注意者，爲老王之巢穴道雅斯堡，蓋此堡不破，前功盡棄，城破則殘敵不難處置也。

就余個人之心理言，既慶祖國戰勝外仇，擴張疆土，尤願彼佞惡無信之爪哇人同歸於盡。彼等不思作尊榮之事，而欺詐竊盜，無一不精，可稱爲東方最下等之人。（註一）余初至其地，卽遭愚弄，事雖平凡，亦足以見其惡態之一斑，茲記其事於下。吾船方入境時，有數爪哇人，循例來會水手，（按歐船抵境時，爪哇人必登舟表示歡迎，並出售水果、鮮肉等品）余感航程之遙遠，又厭舟中鹹食之乏味，因在同儕購貨之際，擬買鮮魚數尾，價值可以勿論。

彼等賣買之方向，以交換貨物爲例，故向余索取釘線與烟管，以作魚之代價；當卽如數付給。是時彼賣買正忙，余則因購得美餚，不願久待，囑彼將貨交與任何同儕，己則疾趨廚房，取水以備烹調，得意非常，不料回至原處時，此「狗」已攜魚與盆，欵乃而去。余悔恨莫名，此後對於彼國任何人民，不能信用矣。幸登陸後三四日，即獲良機，得以報仇，亦足自慰。

彼等極喜射擊，惟呆滯不得其法。一日余方練習打靶，爪哇人某趨前強欲一試，余表示許可，暗爲裝置雙料火藥，再緊塞紙屑多量，然後受與彼。大喜，立即放射，乃彈力過猛，槍底突擊其肩，竟爾倒地，二三星期不能舉其臂。

言歸正傳，萬丹各項事務，均經整理就緒，幼主與大佐，頗有好感，爪哇軍雖時來騷擾，發生小戰；顧問題殊小，不足一述。不數月後，東印度各方援軍齊集，開赴萬丹與吾軍聯絡，同往老王舊堡。

大佐命路透大尉留守後方，己則率良船數艘，巡趨戰場。數日後，調餘軍悉赴前方，僅留一小部分，維持萬丹秩序。蓋敵軍既不足騷擾後方，幼主亦無大隊人馬，必不敢妄起野心，吾軍自可無後顧之虞也。精兵三千，於是登舟而去，余亦其中之一，任「密德爾布洛號」（Mid Ileburgh）之船長。

吾隊與大佐之兵，聯成一氣，合爲一精良艦隊，計有優等戰艦五十二艘、大船、篷船及小艇等數百具，軍容嚴肅，洵可稱爲世間最上選之艦隊也。大佐於全軍齊集後，先回吧城，另由達克（Tac'c）

大將督軍前進，在道雅斯堡前停泊；敵軍蜂擁至岸，自海岸以至堡前，平原稻田之中，數里內幾無空隙。岸旁礮塞累累，大小不一，均以椰樹之幹列成行圍，深入土中，其內埋置堅土，塞外溝渠及方場等，無一不備。塞中則設有兵房，間有築成正方平頂者，可以使兵士站立守候。總之，各處均極堅固，且滿佈敵軍，齊向吾艦掃射，奈均不能命中。余等僅聞狂呼之聲，遙見人頭鑽動，奔走忙碌而已。

是時吾軍準備登陸，大將來往各船，指導各船長進行事宜。全體跪禱，分飲燒酒等品，然後余等率領平艇（Schappon 或 Ponton）多艘，上載槍手水手，所謂平艇者，為一種平底之船，四周築有圍墻者。此時艇中置有小槍四具，隨軍前進。時適逢聖主「復活節」，吾輩於驚惶不定中，度過一宵；三日後，復將大艦七艘，拆卸一空，置於準備登陸之處，建礮壘於其上，並置大礮五十餘尊，以備掩護陸軍登陸，而攻敵方礮壘。

次晨二時，登陸令發，全體離艦，余與其他軍醫約七十八，另入一艇，旁隨小船二三具，以備裝載傷兵。全隊向前猛攻，用大礮轟射、掩護，漸迫陸地，敵軍還攻亦厲。吾軍至水深及膝之處，離舟下水，槍手持銃亂射，水手舉斧猛斬，奮鬬二小時，損失頗大；而礮塞殊高，又難接近，不能急進。經軍政會議議決，須向彼方全部圍攻，先鋒隊開令後，不得不拚死衝殺，水手隊繼之登陸，斬關奪塞，數小時內，死傷雖衆，敵堡數處已爲吾奪得矣。爪哇軍見勢不佳，竟焚餘堡退往後方，惟距離不遠，僅在稻田中移動，其意在團結一致，予吾隊一猛力之反攻也。此方雖不能與之較，但爲數尚衆，且已將礮車裝妥，而準備禦戰矣。

主將傳令放礮，不可間斷，士卒遵令行事。及二軍相接，爪哇人努撲前來，勢不可當。余雜軍中，雖不能見其眞狀，惟呼殺之聲，振於耳鼓。吾軍左右分列，發礮轟擊，死敵無數，然後重行聯絡，以待再戰，前鋒奔走衛護，秩序得以維持。

彼軍死傷千餘，仍不願退卻分毫，吾隊亦然；及暮，雙方不得不暫行休戰。但吾人氣勢萬丈，以爲晚間作戰，必較日間爲有利；故當黃昏之時，攜臼礮多尊，炸彈無數，猛攻其翼，槍礮交加，敵方大亂，無招架之能。當吾軍追擊時，遙聞敵軍大聲疾呼曰：「吾等不願再與荷人相戰」（Dida mou boggel ada orang Hollando）。（註二）此言爲達克大將知悉，敵方大臣更親詣吾營，向大將乞和，要求休戰。達克大將不能擅主，當即報告吧城總督；奈總督不之聽，不准停戰。

停戰時，余曾與爪哇官佐談話，彼等懷有疑問，急欲一探吾軍之內容，究係人類所組成，抑爲惡鬼之集合。余據實以告，謂吾軍確係人類，惟多德人，有奇勇，不獨彼蠻野邪惡之徒，將望風而逃，卽有規律之軍隊，亦將驚歎莫名也。大將奉總督指令後，舉以告諸代表，並囑回稟老王，荷方將以彼日前對待吧城之方法處理之。

於是吾軍氣勢益壯，礮火重作，敵人奔逃回堡，自相殘殺，駭人耳目。余等亦不窮追，仍聯絡一氣，繼續進行己事，擬於準備就緒後，再向道雅斯鎮猛攻。

全軍休息三日，痛飲歡娛，葬埋屍體，惟當第三晚十二時許，遙見半哩以外，堡中礮塞一一爆裂，石塊飛入營中。大將以及士卒覩之，無一不眉飛色舞，蓋數千勇男兒可以不再血戰，免於死難矣。

余等立遣兵士一團，探問究竟，當其行近堡邊時，老王率殘軍渡道雅斯河，逃往四哩外之椒花山(Blawe Peperbergh)中，吾軍追至時，河中岸旁均已空無所存矣。大將聞訊後，卽派大隊人馬，移駐其地，堡中僅存房屋之餘燼，間有尚冒餘烟者；居民逃匿一空，街中雞鴨四散。吾人見而大喜，勇氣激增，向前捕捉；余遍遊全城，得鴨羣，以銃射之，獲得多頭，餘者逃入附近屋中，余執銃追入，擬以槍踰擊殺之，不意屋中有一老婦坐於牀次，手執利刃，覩余持槍入室，竟爾倒斃，慘矣！

吾輩於洞穴溝壑中發現爪哇人民無數，均係老弱無能之輩，不能隨中年人而逃生者也。大軍駐於四周堡內，主將居王宮之中，其地卽昔日此間最繁盛之商場也。

余唯一之目的，在求一蘊藏寶貨之處；一日方遍處尋覓，忽於宮邊發現一黑道，其間石塊縱橫，均未緊砌，余素知爪哇人民慣於危險時期埋藏寶貴貨物，因詳察四周，掘土深至二呎，不獲一物，僅得一碼餘長之「思太非英」（Staefiens 或 Stiftiens）（註三）數條而已，茫然不知其值，失望之餘，攜之至某自由民處，委彼代售，竟得代價一克郎（Crown 值五先令）。余於是乃急回原處，掘得此物無數，不幸惡運光臨，大將因檢查宮中殘燼，在余未離贓地時，突然蒞止，沒收余所得者，更遣兵士發掘，所獲寶物，共載車八輛，售銀七十萬盾，均入其囊中，惟余有發現之功，僅分得一百盾。

同儕輩獲贓者頗多，如波斯之棉，中國之絲，以及其他珍奇之衣服物品等，不一而足，蓋均遺棄於宮中者也。余所發現者最大，而所得最少。

就此地之形勢論，爪哇人所以不能戰勝者，全在缺乏勇氣，苟能勇往直前，則吾軍二倍原數，猶不足爲其敵手。全鎭周圍雖僅五哩，顧能逕通堡中者，僅二小道而已，其間雙車不能並行，此外則均鬱鬱稻田，兵士鮮能涉足。四周雖無圍牆，而椰樹櫛比，非礟火所能傾折，民房均用竹製，王宮及貴族住所，均以磐石砌成，尤非易於攻破者也。

吾軍於二十八稜堡之中覓得礟彈三百有奇，惟祇見鐵殼而不見火藥，因思日前失火事或由於藥庫失愼，延及全鎭者；後詢諸民人，果爲確事。

此堡建築之固，實爲罕有，城外則椰樹密布，性極堅韌，槍彈能入而不能出；城內則有高山，爲自萬丹至此浩野平原中儼然獨立之大丘，老王時登其顛，探望萬丹軍隊及戰艦之行動，故欲攻陷之，實非易易。

道雅斯河分大小二流，縱橫全境，其下游合而爲一，成一大流，蜿蜒曲折，區分吧城、惹卡德拉及萬丹等地之境界，復穿經椒花山而注於海。

三軍休息數日後，主將親率兵士數隊，向各鄉鎭進攻，行行重行行，而至班打（Banta）平原。其地在萬丹河旁，通萬丹國之登勃蘭省（Tangburang），余等遙見小船數艘，泊於江邊，但不聞人聲。

大將欲渡河一探究竟，各長官亦贊同其意，是於曉諭衆軍，若有敢冒險游往該處，攫小艇歸者，賞洋六大圓；當有水手四人黑奴多名（黑人素擅游泳）奮勇而去。河雖闊哩許，但彼等不一時攜小舟六具而歸。吾人乃重備櫓槳前往，將舟艇全部帶回，計有二十餘艘。大將自登其一，餘均裝載士兵，既抵彼岸，但見雞鴨紛飛，行人絕跡，乃分成數隊，四出探訪。適有安汶人一隊，服式與爪哇人相彷，出外採椰。吾軍竟爾誤會，向前撲殺斃數人，幸他隊聞擊殺之聲，自安汶人背方突入，始辨其非，乃解重圍。

余等全身武裝，負槍實彈，行軍至平原之末端，得礮塞數處，惟均已廢棄，不足顧也。其間有大礮四五尊，乃攜歸道雅斯。主將擬渡河而返，惟終欲一究敵人之蹤跡，不意尚未登舟時，忽見小艇無數，滿載爪哇軍，疾駛而來。吾軍不及準備，祇得連續射擊，制其登岸。乃彼殊乖巧，急航至他邊，更易登陸之處，蜂擁而上，分四周包抄。此方非退卻，必投身河中，前者固非吾人所願，然軍中不諳水性者居多，又覺後者之危險，不得不背水一戰，以最後一點英雄血奮鬬到底。大將率五小艇渡河而逃，其餘能游泳者，緊隨而去。余雖自料不能渡過，亦棄武器，擲藥箱，縱身入水，幸賴上帝洪福，安然登陸。遙望彼岸，血肉橫飛，爪哇軍恣意屠殺，可憐二百餘奮不顧身之好男兒，均被斬成肉片。雖然，人當垂死危急之秋，輒置生死於腦後，必盡力掙扎；其爲國而死也，較任何人爲可貴。

主將見此種慘情，爲之心酸，擬爲彼等一報大仇，急率殘軍回堡，以便調軍追殺。惟尋思吾軍所有舟楫，爲數不過三四艘，而河道廣闊，萬難涉足而過，不得不放棄原有計劃。但心終不甘，居留三四日後，將堡內餘屋全部焚毀。大軍由海芝(Harzing)大尉率領，沿海岸而進，秩序井然，主將則率隨員，乘小舟下道雅斯河，由水道而返萬丹。

* * * * *

（註一）素封按：此等語，未免言過其實。

（註二）此句原文若以通用之拼作應作"Kita tida maoe perang pada orang Belanda." 按原句中之"boggel"或係 poekoel 一字之誤，其意爲「擊打」，非「戰爭」(perang)也。ada 則爲 pada 一字之誤。素封註。

（註三）素封按：Staefiens 與 Stiftiens 究爲何物，不得而知，遍查英、法、荷蘭、德及馬來文典，亦未見此字。英譯本本記第九章第九十九頁有"……took in Exchange, what Japan affords, as Copper Stafetiens, Silver, Gold and c." 一句，故知其爲金屬中之一種。爪哇附近產錫頗多，未知此字爲錫否，敬請讀者不吝指教！

第六章

作者隨軍巡行登勃蘭河，遇殘敵數隊，相互擊殺——圍攻安尼爾鎮，爪哇軍強力抵抗——二荷人私通敵國，其一就擒，當場絞斃——安尼爾被破，荷軍大施焚劫——作者腿部受傷——四方咸服，同慶昇平——爪哇貴族翟歸順小王，王陽許之而陰施卑鄙手段——私呑印度貨品者之危險——荷人落入爪哇人手，所遭世所未見之殘忍橫暴待遇，及其死狀。

吾隊行至萬丹大道時，幼主已在一旁迎接大將，並致謝意。寒喧畢，共登船渡至對岸，大軍亦結集妥善，隨後登陸，編入留駐隊內。余奉令重回舊院，惟不數日而一令又來，調余至路透大尉（Captain Ruyter）之軍中，巡查登勃蘭河（Tangburang R.）沿岸諸地。該河穿登勃蘭省而至萬丹河之兩岸無居民，而村舍幽雅，別有情趣。某夜，吾軍正肅靜疾奔而前，忽聞鄰村吶喊之聲，同行者爲數可四百，絕不膽寒，悉負槍實彈，遵大尉之令，向該村進發。兩軍於道中相接，彼等初不意與吾軍作戰也，故前鋒排槍響處，爪哇軍隊應聲而倒。吾隊所有黑人及安汶人，復向前追殺，次晨歸來，攜敵首七十餘具。彼國之風俗，仇敵相見，無論其初意在作戰與否，必極力殺戮，所得首級，愈多愈妙，歸而獻諸長官，藉以示其勇敢。

大尉見軍事進展順利，下令繼續前行，至一登勃蘭河之支流，遙見礮塞數處，旌旗密佈。余等擬渡河進攻，大尉以爲不可，蓋此方既不明敵數之多寡，又難測其間有伏兵與否也。因遣使至萬丹，向大將達克（Tack）乞援；大將得報，當於次日派荷軍三隊，萬蘭黑人二隊前來接應。

吾軍氣勢既壯，乃渡河直趨彼堡，惟行軍未遂，（涉足河中登陸後軍容散漫），突遇敵軍四五百人。吾軍無路退卻，拚死作戰，敵人斃者一百七十餘人，其餘退至登勃蘭。余等追擊時，又於林中搜獲匿敵數人，執而詢之，則三四里內，尚有八千餘人，均係老王之軍隊，駐防此處，以阻吾軍之渡河焉。

大尉得此確信，飛使至萬丹，向大將報告一切，並請速撥壯丁數百，戰礮多具；一方傳令官佐，善自防範。全軍分爲五團，每團由五隊組成，軍令既布，祝禱已畢，乃向前推進。

一少尉率五十人先行出發，窺探敵方動靜。行軍未半小時，八千敵軍果乘勢撲來，吾軍合計不過四千八，猶擬將敵衆包圍。然事有出諸意料者，不一時敵斃無數，屍橫遍野。餘者奪路奔逃，退守安尼爾(Anier)。（註一）該地爲登勃蘭省之要道，有鞏固之礮塞，故吾軍亦必自衛，防其襲擊，因建築胸牆，工作者各得賞洋一大圓(rixdoller)。

次日胸牆建築方竟，敵人率師來擾，結果受巨創而去，蓋吾人已早有準備矣。是役也，彼方死約七百，被擄者亦復不少，爲吾軍監禁六七日，然後投入林中斬成肉泥。次晚吾輩復升礮臺凡三，每臺置大礮四尊（均由萬丹運此），駐兵二千人，均備短銃，晚間可以防守，日間可以進攻。

吾軍駐此六日，擬擴展陣線，下令總攻；又三日而實行。首至一河，賴黑人所伐之木而過，惟敵方攻擊猛烈，吾軍無功而退，損兵丁多人。此時敵方若能一鼓作氣，吾人必致一敗塗地，幸賴上帝之助，彼等緊守己城，未敢遠追。此事一方又不能不歸功於數位英人；蓋彼等方在敵軍陣中，謂吾方不過一支小兵，所有主軍尚未作戰，勸彼勿貿然前進，免爲吾方埋伏所戮斃。否則，果彼等追來，吾軍眞無地藏身矣。此方總計僅五千人（自萬丹運礮來者二千人亦在其內）而死者逾百人，傷者百二十人，實力已形不濟，然攻城之志不稍懈也。

是時傷兵均載至後方哩許，有軍醫十八人爲之看護；傷勢較輕者，送至萬丹醫院。路透大尉附致大將一函告以此鎮不日可拔，並索援兵一千人。

三日後吾軍人數增多，軍勢頓壯，復向前迫近城外。城中黑人多名，請求投順，吾軍不將彼等編入隊中，僅命駐紮於吾陣與彼城之間。如此，則吾大體無傷，而敵方足以疲矣。於是興工鑿坑安置火藥，準備第二次屠殺。

余等正籌策進攻事宜，一英人負槍自堡出，向此方報告隊長云：「城中人準備迎戰，已將街中一部分房屋，拆爲平地，街口各築護牆，內置小銃，以備射擊，並有地雷多具，足以轟沒吾軍。」然余等正擬克制一切困難，以謀最後勝利；於是不問危險與否，卽登礮臺，向城中連續射擊。及礮火齊發，敵軍殺聲大起，卽向我方作第二次之襲擊。但吾軍早有準備，盾牌刀斧手向前直衝，敵損失甚巨，退入城中，吾軍乃緊隨追擊。

是時，二坑已佈置妥善，各盛火藥數百磅，一聲令下，兩具齊發。坑深入鎮底（鎮地勢極高，易於鑿掘），當霧烟起時，半鎮登入天際，泥土人肉，紛紛墜入吾營；可憐數千好男兒，均遭此劫！

余等靜待，及火勢稍衰，卽橫衝入內，時敵正混亂失序，多作刀下之鬼。中有二歐人亦被擒獲，審問之下，知爲脫逃之荷人。據公司定章，凡背逃而被擒者，均須當場絞斃；惟此二人死有餘辜，蓋彼等不獨觸犯公司法律，且因處於絕境，唆使敵軍作強有力之抵抗，吾軍進展所以不能順利者，二人實爲主因也。其一爲余至友，同時在荷蘭出發，其父係挪威卑爾根（Bergen）之巨商，家貲富有，今竟遭此慘禍，不禁爲之流涕也。

吾軍已佔要道，乃從事修築，蓋此地爲內地第一要塞，萬丹與吧城間之主要陸地也。先是沿海堡壘及主要市鎮，已歸我所有，今此塞又爲我佔領，爪哇人無處覬覦，何患不賓服稱臣。路透大尉爲掃滅殘敵計，特飭壯丁五十，巡視各鄉，余亦願隨軍前往。

余等巡行約二小時，但見樹陰而不見人形；至一河，水深不能渡，乃沿邊而行，得一便道，可以涉足而過。時天已昏黑，乃露宿其地，懼敵之來襲，均不敢作聲。

次晨忽聞人聲，似非來自遠方，於是疑竇頓生，以爲或將與己軍撞遇，復行數步，遙見對岸人頭鑽動，蓋敵正伐椰樹作堡焉。惟河雖狹而水甚深，彼等必不敢向前衝殺，吾軍如不敵，可以緩緩退回一哩之外，原防以保實力。余思及此，即命從者，向對岸猛攻，頃刻之間，射斃數人。

敵衆亦不失時機，舉英國大銃還擊，吾軍應聲而倒者凡四；其中二名僅受微傷，余負之場外，施以手術，然後回隊。正思救濟餘衆，一黑人在椰樹突發一彈，中余腿部。戰爭結束後，同儕負余回安尼爾原防，轉送萬丹醫院，每日由軍醫長診治。軍醫長名漢士・約翰 (Jehn Hanss) 萊丁產，爲一極有幹才之人。

彼施行種種手術，爲余挾彈，惟無大效，經長時期的創痛，彈猶未出；幸碎片已收拾清楚，可以待其自療。臥病兩月，始復原狀，彈在腿中，亦無大礙。

余乃銷假回院，照料病人，度平安快樂之生活，猶慮戰爭之發生，築堡以自衞。三月後，戰爭全部結束，爪哇人大半臣服，並獻槍矛弓箭等戰器數百車，表示投誠休戰，於是民心復定，余等亦無庸防範矣。

事後爪哇擁有巨資之貴族多名，亦願降服，向公司乞宥。公司不願明作惡人，乃假手於小王；王初善待之，允赦其已往之罪過，及彼等入其手掌中，王突變前言，下令處以極刑：或餧諸毒蛇、猛獸，或投諸厲火洪水，或割其喉，或絞其頸，慘悽之狀，不忍卒聞。公司有鑒於此，出而排解，警告小王，謂此種卑鄙行爲，足以引起衆怒；且大戰方止，國內正宜注意生產，須歡迎其子民入境。王善其言，不復暴殺：余居此凡十八月，目擊其發展情形；房屋重行建造，較之往昔，更形整齊。華人願受荷政府之節制，亦逐漸遷入，荷人亦喜與之交，願授以種種權利，以達互惠之目的；蓋無論何種事業，有華人參加，均可飛黃騰達也。

萬丹國中，此時居民復形繁殖，爪哇人固日益增多，外鄰亦逐漸遷入，不復呈蕭條之象矣。余公事已畢，鑒於生活程度之日高，擬從事生產，惟吾業清苦，除固定之月薪外，絕少一分錢之外得。因思爪哇人戰後必多傷創，乃與交接，獲得病家不少，余賴此項進款，得以怡然度日。余與同儕均在戰後感覺疲勞不支，因而力事休養，務求身心安適。至於以東印度爲致富之區，刻苦吝惜者，實爲愚夫；更可笑者，人民每有無爲之妄想，以爲東印度滿地黃金寶石，可以任意採取，滿載而歸；不知此處珠金寶石，旣不易獲得，取得後能否載歸，亦屬一問題。茲舉一事以作明證：

余某次往安汶，識一軍曹，彼處此已十有九年，管理某磨坊之黑人多名。余以乾酪及煙草等換其丁香油分盛七瓶，每瓶約二夸脫（Quart）。此種交易，與歐洲之劫盜有同等罪名，二人生命繫之，故須嚴守祕密。余幸得平安攜至吧城大道，未露破綻，滿望運至岸上，向華人及英人銷售，藉獲巨利。然天不佑我，此物非我之分。余方偕與吾同營此業之水手上船，一盜船載「凱非人」(Caffer)(註二)暴徒多名，飛駛而來。水手爲余設計，將七瓶浸入水中，繫以繩索，惟當盜船追近時，彼又用小刀將索割斷，暴徒遍搜吾船，用鉤探索船外物品，僅獲一繩頭，向余等作獰笑，不再纏擾。另有一人遭遇更酷，蓋彼等離余後，入一隨余船自西岸而來之船中，得一少尉，身藏金數磅，於是囚之舟中，巡往吧城。一二日後，少尉竟於一「刑場」中絞斃。余觀彼苦狀，不復愛惜余油，此後更不願作此種生涯；由此足見交易之危險，運輸之不易也。諸君如能安然在祖國度生，余敢進一忠告，勸君勿往東印度！

此言離題過遠，今請歸入正文。余所欲述者，非樂事，而爲慘劇，閱之足令人驚心動魄，其慘狀實爲余所從未聞見。不過余應略加補充，即吾人處理罪人之刑罰，實有過當者。

某日同儕數人入鄉遊獵，明知爪哇人宿仇未解，將有危險之舉，時均未顧及此點。彼等初擬即日返舍，乃三日後猶未見其蹤跡，於是謠言紛紛，莫衷一是，惟多數人之意見，以爲必被爪哇人暗殺無疑。達克大將 (Minheer Tack) 因遣少尉率衆探其究竟，經二小時行程，達一荒涼之區，正思折回另覓他道，忽聞悲呼之聲，尋音而往，慘狀頓現於眼簾，蓋來此之六人無一不遭極刑也。

其一兩手縛於樹上，兩足縛於他木，離地三四碼，一巨大之火把置於身下，少尉至時，彼已燒成焦炭矣。

其二綁於另一樹幹，四肢倒縛背上，亦已絕氣。

其三亦死，一竹竿自其肛門插入，由口而出。

其四埋於地中，頭與頸外露，目耳鼻均已割去，尙未斷氣。

五與六二人背背相縛，右眼均去，被仇人投入穴中，幸未傷命。

少尉等覩此景象，幾至昏暈，急回已隊，向達克大將報告一切；當有黑人擔草牀將此人等運歸萬丹。

全軍聞此，大爲轟動，對於此案關心彌切，惟生還者均失講話機能，不能談述一切，主事者殊覺棘手。

主將無法可施，乃飛使至幼主處告知此事，並要求將人犯全部拿捉。王應命行事，竟於二周後將暴徒十六名，一體獲得，其中八人，投入蛇口。

巨蛇之食人，必先吞其半，將血液收盡，裂餘體成肉塊，然後細嚼云云。

其他八人，禁於一室，每日有豐盛飯食，惟其痛苦時期，亦隨之而延長。室中常有人持鞭守候，罪人每一坐眠，必致鞭撻交加，二星期後，彼等要求速死，甘受無論何種極刑。

幼主不之理，以爲非如此處理，不足以儆將來，延至第五星期，彼等不堪其苦，竟倒地熟睡，鞭之撻之，甚或以火鉗灼之，均不能變其狀，數條生命，均於是告終。故云，罪人作惡雖甚，然其所遭刑罰，亦未始非野蠻之舉也。

*　*　*　*　*

（註一）卽巽他海峽上之安耶爾(Anjer)。

（註二）見本記第十二章註二。

第七章

爪哇人前倨後恭，卒爲荷人所同化——荷人得幼主之許可，變其國疆爲領土——老王投順：定罪：處死——萬丹之新建設及其興盛之狀況——商務、商品、水果、糧食之概觀——猛虎大象之捕捉法——爪哇領袖結婚時之種種——胡椒生長時之情形——作者離萬丹，向吧城，然後至萬蘭。

爪哇人對於荷人不能久忍；夫以余等外人既侵其土地，復奪其政權，爲彼上司，其叛反固亦不無充分之理由也。惟彼等究係下等民族，不能脫其鹵莽卑鄙之行爲，其報復也非用正當之手段，而施不堪之舉動，遇荷人過，每詈之，詬之，甚或以口水唾之。余等爲除此惡習計，同儕間商議妥善，凡遇作如是舉動者，無論男女老幼，統須痛擊一掌，以示懲儆。此計實行後，大見功效，嗣後爪哇人每見荷人，必極其恭敬，請安握手，甚或慇懃詢問：「先生何往？」（註一）其意欲與吾人以助力也。余等初見此變，大爲奇異，厥後習以爲常，每利用之。

達克將軍之住所，本屬英人所有，幼主日趨其地，拜候會談，以深交誼。及國事平定後，荷人向幼主動議，若彼允將全國司法、行政等權出讓，每月可得荷幣數千盾，仍可維持其王族的生活。（有名無實者耳）幼主不知是否畏於勢，抑惑於財，竟至屈服；二太子另有贍養金若干，按月支付，其餘貴族地主，依舊保持其財產，惟均受荷人之統治。於是吾人憑手段及政策，安然爲此國之主人翁矣。自一六八二年至一六八五年，國運突飛猛晉，貿易大盛，其興旺之情形，史所罕見。

老王敗退後，迫入椒花山(Blawen Peper Bergh)中，爲民衆所捨棄，日惟優遊閒蕩。二年後，亦思來歸，先遣僕使數名，趨前請罪，迨此方允予赦宥，然後親率扈從，逕赴萬丹。其初荷人輒禁之數日，後乃放之一小島中，畢其餘生。

此時百難除而平安定，萬丹在荷政府統治之下，較前更形發達，譬諸孔雀自灰中躍出，而更形強壯美麗矣。外人除英、法及丹麥等國人民外，逐漸遷入，均享平等待遇，國疆於是擴增。至於上述三國人民，均禁止入口；已入者均以船隻運往吧城，仍准其營業、建築房屋及貨棧等等。

萬丹之主要商品，爲胡椒、硝石、鹽、薑、棉布（有素色及鏽金、鏽銀之别）及居民慣穿之竹布及花布等品。

四周田野，均極肥饒，豐產各種食料；家禽以雞鴨最多，其卵頗賤；餘如魚類牛類亦多。惟牛油往往棄而不食，因其味如蜜蠟也。此間並多野豬，馴良和善；爪哇人因限於法律，（註二）不能食其肉，故亦無意傷害之。此物時至吾軍園旁，余見而斃其三四，奈不得主顧，無法銷售。

萬丹附近多猛虎，凶惡異常，爲畜類中最可惡者。爪哇居民不時捕捉之，其法如下：

彼等集合千餘人，往猛虎出入之處，於三哩以外分佈四周，手握輕矛（Nassingayen，一種武器）（註三）向中心包圍，如虎向邊線衝進，可以使之驚退。及圍至中心時，虎雖猛，無法逃避，必入牢籠之中。籠式如輪網，而牢固巨大遠過之，係用堅木製成，中分數部，地位逐步縮小，每部具有一門，虎入其中，門即緊閉，及至最後最小部分，禁閉至將餓斃時，乃以索拽其頸，放入小籠中，置牛車上，運至王宮，視爲隆典。該虎若能生產小虎，更爲尊榮。堡之四周，放燃大礮，歡忻歌舞，舉國若狂。

虎類最易生產，惟欲除其野性，殊屬難能。余處其地時，曾目擊二虎肇禍；該虎本馴良，某日殺性忽起，嚙去絆索，奔入鎮上，撕斃多人。苟非爪哇人即持武器奔出，死其一而擒其一，禍事必致更大。

捕虎者亦有用餌誘之以擒捉者，惟不能生擒，且有重大危險云。錫蘭、庇固、亞拉干（Arakan）

等地，都產象居民亦以此法捕之。

彼等腦筋簡單，以爲捕捉時只須將大樹鋸至半穿，象喜倚樹休息，樹倒必倒；且因體質粗笨，腿中絕無關節，不能再起。噫，何其愚也！象類爲動物中至靈巧者，觀乎戰爭時彼伏地蹲踞，以助兵士登其項背等等舉動，即可見其一斑。至於此物之詳細情形，吾人於歐方固已司空見慣，無庸多贅；惟余所目見一事，殊爲新奇，似可爲諸君一述。公司有巨商某畜一巨象，能演各種把戲，某藉以自娛，且供賓客玩賞。一日攜之至一橋，橋下河水甚深，象口啣食物一大塊，侍者與之暗號，用手拍擊銅器，象聞音突翻其背，縱入水中，食其糧食，惟爲時過久，吾人以爲必無生理矣，不意彼竟優遊自如，安登岸上，向主人致敬，並傾其已吞之食品。此外尚有他種表演，惟足以稱述者，祇此一端而已。

余常至爪哇友人處消磨餘暇，既足以探採其奇風怪俗，又可參與其娛樂之事；所謂巴里舞（註四）者，最有興趣，貴族輩雇用歌女，專事此種舞蹈。歌女體格奇小，然有絕妙之姿態，高度在五六呎之間，膚白如雪，集於一處，人必疑爲天仙化身。彼等既富天然之美，所穿衣服，尤爲炫耀動人，外衣以最優等絲綢製成，鑲以金銀，髮上遍插珠鑽，光亮異常。舞時手執黑檀木球類丸數枚，擊於弦上，與音樂相和，有如鼓板，間或佐以歌唱，婉轉悅耳。

女係巴比倫省（註五）產，離耶利哥約四十英里，最善歌舞。其中每女有值二三千盾者。印度王族貴族，豪奢揮霍，輒購歸作玩物。波斯、蘇拉特等地，亦有此種婦人，余曾於翁德·亞斯（Wond Artz）地方見之。爾時「給爾得蘭號」正停泊彼處，吾人因登岸以胡椒、香料等物換其絲綢焉。

鬬雞之戲，此處亦甚流行，其情形與吾人所見者相彷彿，故不多談。

爪哇居民，時作各種遊戲，而以結婚時為最盛，大有非此不可之概。請為諸君一述其大略情形。

余處其地時，適逢其酋長之子結婚，余與彼交誼甚篤，因亦赴宴。新婦之妝奩殊豐，與新郎家產相配合。除現金二十萬「古雅」（Cujax）（註六）之外，另有男僕三十名，女僕四十名，尚有青春女姬二十人。當時「古雅」之值，大概以一萬二千枚可兌一大圓。據云新郎可以任意與此等女姬眠宿，所生小兒，或出售，或放棄，悉由妻作主。惟隨奩而來之孩兒，亦須聽新郎之指揮。

當婚期將屆時，一對小夫婦避不出門，為時可六星期或二月。老人於此時從事裝飾女僕，以備於結婚時應用。新房中遍插花草，結婚之日，新郎乘駿馬赴坤宅會親朋。奴僕禮物，家用什物等件，均於此時收集繼之爲一盛大之宴會，親翁親母均須列席。酒至半酣，新郎、新婦同入一室，緊閉雙戶，室內有大牀一具，二人得自由作樂。事畢，新郎出外會客，新婦則不敢露面。

婚期前後四日，賀客歡忻歌舞，中國式的喜劇，亦於此時出演，惟余所歎賞者，厥惟牛戲，蓋即水牛與英國狗之相鬭也。然此種遊戲每多危險，未免爲美中不足。某日二牛於小方場中與五狗相爭，余目擊慘劇之發生。初，一狗奔上時，牛善自保護，將敵擲至空中，惟尙未鎮定時，第二狗已狂奔而來，嚙其睾丸，彼於是大怒，衝至場隅小屋中，是時屋內適有觀劇者五人，三爲黑人，二爲荷人，均被衝倒，狗尙緊嚙不放，二黑人與一荷人木工，竟爲踐斃，其餘二人（一爲大將之廚司）幸未傷命。惟他牛亦已激怒，勢更危急，彼等無法制止，祇得以鎗射擊，結果死二牛二狗，另一黑人亦遭慘斃。此等情事，時有所聞，是則彼等管束無方之過也。

翌日又現一慘劇。該處有船桅一根，本由英人自船中取出，建於此地，以窺海中情形者。是日某水手攀登而上，將造其顛，忽爾失手下墜，其結果如何可以料想。大將鑒於斯，傳令伐去此木，另建較小較低者於斯比偉克堡（Speelwick）上，然吾人反可瞭望更遠，蓋堡之建築與其地勢，均極高昂也。

余居萬丹醫院數月，同儕防駐道雅斯堡（Dorjasse）者，亦漸次奏凱而歸，集合後調回吧城，尤以黑人爲多；是以堡內堡外，留守者不足五千人。偌大一城池周圍約十四五英里，居民七十萬衆，外僑亦有其半數以上，欲以此數千衆兼顧，殊屬難能。

海邊除堡壘礮寨數百處外，尙有一堅固之城牆，惟城之他方空無所有，良以爲患。雖然，此地經政府積極治理之下，秩序井然，卽吾輩寄生於公司之士卒，亦無怨言，物價賤，待遇良，處此境地，安樂已極。顧余猶以羈縻職務，不能暢遊東印度各處，殊爲憾耳。

主將行將返吧，乃召集軍事會議，議決舉行總檢查一次，服務期滿者，可以恢復自由，若願繼續工作者，不特可享優等待遇，並得增加俸金四盾。

達克大將於是回抵吧城，就主席之職，所有萬丹總督一缺，由海芝（Harzing）將軍繼任。

此時城中多狂暴之徒（Muck Speelers），（註七）擾亂治安，殊屬可惡；彼等呑食鴉片，使身心麻醉，然後狂奔街衢，逢人便戳。余儕見其奔來，必呼「阿米克阿米克」（Amuck! amuck!），各執兵器在手，彼等不顧死活，逕向前進，盛怒之時，卽有彈丸穿其要害，尙能飛馳一二百步。此種禍事，無法制止，公司雖將東印度各處藏烟者處死，亦無效果。

余於此處，既無發展之望，又不能得新奇之見聞，去志遂堅，深願有其他海上軍醫，與余交換職務。於是靜待往吧城之船隻。不數日後，有「提杜爾號」(Tidor)者，方自峇厘歸來，航至萬丹大道。停泊後，余卽登舟物色人才，乃船中醫士，均與余有同樣心理，不願久留此地，余大失所望。嗣又聞如此日風勢順利，晚間將有一船莅至，其中有軍醫四人等語。余之希望心不覺又油然而生，乃不思返家，決於此留宿一宵。

薄暮時，船果前來；次晨，余亟上船謁見軍醫長，寒喧已畢，直道來意。中有德佛特人(Delft)(註八)，首先贊同，經討論之後，決與余易職，余欣喜過望。議定後，彼卽報告船長，懇請辭職，然後與余登陸。此時余之唯一要務，卽須辭退本職。此事本極困難，不過余在職時既能謹慎，又得軍醫長之親信，諒無問題；故卽向彼直道己意。彼給余榮譽證書一紙，命謁總督，總督亦示首肯，除嘉奬外，並給准許狀一件，令他醫調任余職。

一切手緒辦妥之後，余卽向朋友告別，乃攜藥箱登船，船名「思克會遜號」係一米船，船中除職員與主要軍醫四人之外，僅有水手二十八名。如此余怡然離境，心中念念不能遽忘者，爲醫院花園中之涼屋一所，屋係余所建築，用竹竿圍成，形式精緻，可以隨時拆卸，因不能攜帶，祇得留待繼任者享用，然心中不無怏怏耳。該屋屋面遍遮香蕉葉，四周植胡椒，其蔭如葡萄棚然，懸於窗外，幽雅宜人。

余旣述及胡椒，當爲君略談其生長之法。萬丹爲爪哇之唯一產椒區，前述之椒花山，其上遍生椒樹，其質絕佳。馬拉巴、馬六甲、蘇門答臘諸地，固亦豐產胡椒，顧色白而莖長，與加那拉（Canary）產同種，質較爪哇產者稍劣；故運往歐洲者，以後者爲多。

椒係繞藤樹之一種，須植於他樹之下，俾可有所依附，其葉似橘而小，較青，其味富刺激性，果與葡萄無異，不過較小較密耳。每當十一月至正月間，椒由青變黃，種椒者乃取而佈之於蓆，晒以陽光，及乾後器篩過，然後再包裝售與商人。

東印度之胡椒雖多如街中之石，惟價値極微，有時數船之貨傾入海中，有時數十萬磅付之一炬。但公司職員鮮有敢拾其分毫；如需此物，非自爲公司作嫁之士人手中購買不可，即其他香料亦須遵照此例。

「思克會遜號」泊留僅一日，次晨余登船後，即拔錨向吧城進發。途中風勢不甚順利，時須停泊，令人困疲殊甚。萬丹距吧城雖不過六海里，但舟行已七日。

既抵吧城，船長先行登陸；次日，船貨卸去，余亦乘中國小艇趣岸上，往謁軍醫主任斯梯革爾希爾氏 (John Sheck:lberger)。此君爲余舊友，惟因官運亨通，現代柯吏衣耳博士任全東印度軍醫主任之職。余爲彼述離萬丹而來此之本意，並望出使外埠，藉可有旅行之機會，彼初頷認，嗣又命余三四日後再聽消息。

余乘此時機，拜謁堡中故友，互敍闊衷。一日偕一老友至附近小島上，多牡蠣，余等滿載而歸。不幸中途大風突起，船身傾覆。可憐彼老人年邁力弱，竟於陸地數百碼以外喪其老命，余與中國老人安抵岸上，船亦緊隨於後，因并拖至陸地。中國人不特未得船費，且飽受余之拳足；蓋船之傾覆，彼實不能辭其咎也。嗣後余永未見其面，此人或因懼檢事長之追索，不敢再羈留此地焉。

此次爲余第四次遇險，亦得上天庇佑，而自水中逃出。此四次險者，一在祖國，一在非洲，一在萬丹河中，此次則在吧城。

及時已屆，余進見主任，訪問出使事宜，以爲必可得圓滿之答覆，初不料主任竟命余乘「費匿克斯號」赴萬蘭與安汶，更須遠渡日本。余固知此二地爲全印度最不衛生之區，然尋思老處此鄉，無寧作客他邦，乃決意前往，攝委任令，赴「思克會遜號」船，與船醫同志談述此事；彼等聞余言，竟不惟無慰解之語，反作極度之譏笑。

余因二日後卽須起程，急自摒擋行裝，並預置煙草、胡椒等品多量；蓋此物在不健康之區，最爲有用也。行囊備妥後，卽登「費匿克斯號」。

次日吾船啓碇，自吧城出發，是時巽他灣中東北風奇緊，三星期後，卽抵萬蘭，計程約三百哩。途中除一水手慘死外，鮮有可記述之大事，該水手站於前桅，被狂風吹倒，觸於錨刺，肚腸迸裂，慘不忍覩。

＊　＊　＊　＊　＊

（註一）原文作 Manne Bigi, Sinjor?

（註二）英譯本作 Law，按卽「宗教法規」，蓋爪哇人皆回教徒，豬肉不可食也。素封誌。

（註三）Nassingayen 一字係自 assegai 演變而來，assegai 又拼作 assagai，一種矛槍之名，最初係非洲北部巴巴利（Barbary）諸邦之山地居民名爲拜拜耳族（Berbers）所用者；後葡萄牙人用此字作非洲土著所用矛槍之總名；繼而又用以名菲律濱之蘇祿羣島（Zulu=Sulu）上一種特有武器。荷人蓋借用此字耳。

（註四）素封按英譯本作 Balliar，但在該書一四三頁則作 Baliar，謂"The Baliar Dancers, who come from Babylon,……"故知 Baliar Dance 乃一種舞派之名，今譯作「巴里舞」。查印度恆河之傍有地名 Ballia，未知 Balliar Dance 是否係由此處而傳來者。

（註五）素封按英譯本所用 Province 字，現譯作「省」；至 Jerico 應作 Jericho。

（註六）英譯本註 Cujax 曰「或係中國之幣名」；惟究係何幣，尙未考出。素封。

（註七）見本記第四章之註四。

（註八）素封按 Delf 或係 Delft 之誤。Delft 爲荷蘭國西部一城。

第八章

作者在萬蘭得重病——治愈之法——豆蔻生長之情形——安汶之行——丁香樹與丁香之梗概——吧城之回航——溫羅斯特島及其名稱之由來——捕龜之法——擒鯊之法及其肝臟之功用——錫蘭之航行——首府科倫波之情形——葡萄牙人覬覦此土之策略——肉桂之種植法——採珠之狀——喪命沈歿者無數——牡蠣一個產珠三百顆——眞珠母——由錫蘭啓程——船抵吧城不幸失火——亞歐人第一代雜種及第二代雜種之性格——日本之行經臺灣抵南夷島（長崎之一區）——舟中人被迫放棄一切書籍及其原因。

當吾船航至萬蘭時，船長首先登陸。余本極願隨之前往，乃三四日來，二腿臃腫，不得行動。俟後全體離船，余亦不得不冒疾而行，然腫勢增劇，腹部膨脹之甚，似將破裂。（費厲克斯號（Phœnix）擇期出發，余祇得臥病此處。）三星期後，病勢更厲，四肢牽攣，失其效用。如是三月之後，幾無伸手入口之力。此病雖非內症，然余以為鮮有復原之望；日惟向上帝默求早日死去而已。

余每日由人擡至浴室，與其他病人團坐一處，以毛毯緊裹全身，僅有頭部露出於外。每人身旁焚一巨大之火把，奇熱難堪，然後再加藥草於蒸氣中。室內預置鍋爐，煎煮數種藥草。及沸，再投入燒熱之彈九三四十枚於鍋中，是以霧氣升騰，患者卽借此氣燻治，吾意百人中鮮有一二人能忍受之者。再後，將施過手術之病家置蒲團上，載至室外。余初亦難耐此氣；但數次之後，漸覺習慣，並見奇效。數星期後，腫疾漸次痊愈；(註一) 彼等復以「士油」(註二) 遍擦余足，時強余啜苦白蘭地酒、或浸有藥草之士酒一小杯。於是病體賴上帝之助，竟得完全復原。

余來此之本意，本爲搜奇探勝，以遂吾好奇之慾；今病體已愈，自當暢遊各處。惟斯土之一切情況，均已見於粦士哥登 (Johan Hugen Van Linschooten)(註三) 之著述中，無庸煩言。茲須述者，爲其名產肉豆蔻。此物爲萬蘭最著名之物品，居民無論爲荷人、或自由人民、或奴隸，每年均須出其所有，獻諸總督，以運至荷蘭、波斯以及歐洲與印度其他各處。

豆蔻樹形似梨樹，惟樹枝開展，葉亦較圓。其果之大小與外觀，均與桃子無異，成熟時氣香而美。外部係一硬殼，有如樹皮。花瓣卽生於其上，成熟時內部膨脹，殼卽裂脫。其花色紅，極爲美觀。樹上滿佈果實時更佳。有時花瓣自脫，黏於果上，乾後始行分離，變其可愛之紅色爲樓黃色，卽吾人於歐洲所見者。此物爲一極精美之果品，且易保存。

余處萬蘭時，二少年因弒其母而處死，行刑時縛於木製十字架上，以鐵桿擊斷其四肢，任其自亡，厥狀殊爲可怕。

余遨遊三月，精神大佳，適有「亞美利加號」者駛行前來。予本早隨「費匿克斯號」遠去，奈爲病魔所阻，今既有此機會脫離此不健康之區域，雖宿疾尚未肅清，亦不能作再度之稽延矣。於是整裝登舟，四日後，抵安汶，吾船準備裝載丁香。予乘此時登陸，藉觀此物生長之情形，與乎平昔所不能見之事實。後晤一軍曹，得「丁香油」多瓶，然屢經艱辛，卒沈之海底，此事前章已述及之矣。

丁香樹形似桂樹，其花由白而青而紅。色青時具有芬芳絕倫之香氣，所謂丁香者，均密生花朵中，成熟後，由種植者收集曝乾，其色乃變爲櫻黃。至未成熟者，均不採集，留待下年，所謂「母丁香」(Moder Negalen)是也。此樹生產之處，周圍鮮生雜草，蓋其性喜吸水，附近水分，統被其吸盡故也。若於丁香貨棧中，置水一桶，三四日後，必致乾涸，此爲余所目睹。丁香之味殊強，吾人逼近其地時，有窒息之虞。

吾船滿載貨品後，即駛回吧城，一帆風順，二星期後即抵其地。船中所有丁香，悉數移置「西佛里斯蘭號」（West Friezland）以備運往荷蘭。

余奉令換舟登「老歐羅巴號」，此乃初自好望角載余至東印度之船也。船已陳舊不堪，行至溫羅斯特島（Onrust）時，不得不暫停以資修繕。該島最宜於停靠行船，蓋其上居民多木工、鐵工及其他修理船具之工人。「溫羅斯特」原字有「無休息」之意，蓋島中人時受波濤之驚恐，奔波跋涉，終日無歇息之機會。按該處地勢低下，海潮每二小時來往一次，漲落不定，朔望之日，其勢更厲；故島之邊緣，渺無限界，居民無日不提心吊膽，平時又須憑二手操作，其「無休息」也必矣。

船中除余外，另有主要軍醫二人，將病人扶至岸上後，均可任意逍遙，捕捉烏龜，爲吾輩唯一之娛樂法。島邊多產此物，天朗氣清，陽光明媚時，必一一自水中爬出，而臥於熱沙之上。余等待其靜止後，猝以鐵棍或木棒猛擊其背，使其腹部向天，不得運動，然後捕歸剖殺之，盛於罐甕，漬以鹽醋，作日常食品，厥味鮮美異常。計余等所捕得之龜中，最大者可以三人合抱，即以載重之車自其背上推過，可保無碎裂之虞。

此間除龜外，並多鯊魚，此魚常爲人類大害。如某華僑潛水尋鐵塊，曾被吞食，居民捕鯊者甚多，其法每以其他魚類完整之肝，縛於堅強之鉤上，遍佈河內；鯊性貪，必將魚鉤全部吞入，於是就擒。其尾尚未烹食，其他部分，輒爲棄去；惟水手無肉可食時，亦有食之者。至其肝臟，於醫學上有極大效用。

吾船修理完竣後，即回吧城原處。另有一船，方自荷蘭駛來，亦泊此處。余即乘中國划船，逕登其上，以覓本鄉故友，並探訪祖國新聞。其間最足令余驚恐之消息，厥惟爲法人曾佔領斯特拉斯堡(Stransbourgh)云。（註四）

吾船裝設完備，奉令赴錫蘭。余聞言，不勝欣喜。啓程後，風勢順利，五星期即抵科倫波。科城爲荷屬錫蘭第一大埠，亦爲全印度最繁盛之區域之一。船隻乘海風而入，依陸風而出，可於其地安泊數載。鄰近雖多礁石，然非初至其地者，不足懼也。按政府規則，凡船隻未曾至此者，入口時須鳴槍三響，熟識途徑者，祇須一響。當由探望塔內還擊一響。該塔位於最高石磯之上，距科城約二哩。塔中有舵手及職員，專司守望，見有船隻前來，即遙揚紅旗，表示不能再進，然後登來船，指導進行。

港口有一堡，名曰黑堡('t Swart)係葡人所建，式樣奇特，不若作防守之用者。蓋當時堪的

(Candy)王欲阻其成，遣使詢問此屋將作何用；葡人佯答之爲遊戲場，因是得繼續經營，然其中暗設大礮多尊，藉以維持其地位。

余對於此島之情形，不願作詳細之描述，蓋因前人已有此種著作問世，適威思爾氏述之尤詳，其記載與余文同刊是書，諸君可以細閱之。

吾船正裝置肉桂及其他貨品時，余時登岸上，就自由民家，以求價廉物美之飲食，舒適異常。肉桂爲斯島最大之商品，係某種樹木之皮。樹形似齊墩樹(olive-tree)，葉似桂而較小，花呈白色，果如葡萄牙之黑齊墩果(black olive)；皮分二層，所謂肉桂者，即其內層，由業主撕下，切成方塊，曝於日中，於是面積捲縮，顏色亦由灰色而變爲吾人於歐洲所見者矣。

其樹被剝後，三年內可恢復原狀，其生長極旺，四野俱有其踪跡，既不賴種植，又不須灌溉，其造福於吾人也，實賴天惠。馬拉巴地方亦產肉桂(名曰 Canella de Matto)，惟係劣種，遠不如此地所產者爲優。

余所述之各種香料，如肉桂、丁香、豆蔻之類，私人均不得侵佔分毫，因此事而喪命者，比比皆是。

余亦曾目擊一人因私攜「布如本」(Borrobone) 一小包而喪其生。布如本爲一種樹根與「東方蕃紅花」(oriental saffron) 有同等性質，產於爪哇，乾時形如生薑，居民多用以代蕃紅花。〔棻封按 Borreobone 之植物或係 *Borago officinalis*, L.（玻璃苣）其根可製染料。〕

此間除肉桂之外，珠貝亦爲重要物產之一，公司爲大宗採集起見，雇用工人數千名，分爲無數小隊，每隊設監督一人，率領餘衆至產貝之處，各褫其衣，縛小籃於腰中，並繫某種多空之樹根，以防沈沒，口上置油物一方，以禦河水而便呼吸，於是疾趨河底，及小籃中滿盛牡蠣後，又划游而上，敏捷之狀，人所未見。牡蠣堆置既多，乃攜之岸上，曝於日中，然後劈開其殼，其中有珠與否，不能決定，精於斯道之工人，輒不用上述樹根，逕往海底操作，其在水時間與別人不相上下。

每日工作完畢，工人循序登陸，以所得之珠，獻諸公司特派之官員，絕不偸藏一二；故公司對於彼等，亦加優良待遇，予以豐衣足食，其中且有得巨大之俸金者云。惟此項工作，終含危險性質，當採珠之期，工人於亂石間喪命之慘事，日有所聞，而孀婦孤兒哀怨之情狀，尤爲吾人所卹憐；雖然，人民或苦於公司之壓迫，或窮於生活之來源，不顧生命而操此危險之生涯者，正不乏其人焉。

所謂產珠之牡蠣者，均係白色光亮之貝殼，就余所知，最大者可藏珠三百有奇。採珠者每以米與鹽搗成細粉遍擦珠上，珠經如此磨擦後，光亮如鑽晶，且經久不退。錫蘭尙有他種牡蠣，居民呼爲「張哈」(Changa)，吾人稱之曰眞珠母。磨擦後可作精美之酒杯，亦可製其他裝飾品。中國、孟加拉、奧摩斯(Ormus)、干麥倫(Gammaron)(註五)諸地所產者更佳。吾人於歐洲時見此種工藝品。

採珠之法，除上述者外，另有一種，惟因麻煩，殊不多用。余曾於某河中見之。該河深三四十尋，中有二船，站於同一方向，相距約八九碼，間橫一杆，杆上有旋螺一枚，懸一大鐘，鐘內置有坐位，採珠者卽坐於其上，下降河底。杆上另有鳴鐘一具，內繫一索，索之他端，縛於人身，當採珠者呼吸不便，鐘內空氣將罄時，可以用手拽索，船中人聞鈴聲響時，卽將大鐘吊起，予工作者以休息之機會；然後重行下降，繼續採集。迨四周貝殼遍拾無遺後，船乃移置他處。

余於岸上遨遊多時，乃下船服務，使其他醫生得以輪流休息。於是靜處舟中，亦不復戀他鄉之景色。一日，有友告余，總督之象將表演各種技術，不禁好奇心動，重行登陸，其事內容前已談及之矣。

五星期後，船中各項事務，均已料理妥當，船員全體歸班，當即航回吧城。途中三星期，賴天帝佑護，幸得安然無事。但靠岸停泊不多時，突遇奇險，殊出人意料之外。船抵岸邊時，廚司奉船長之命，循例爲水手取椰酒，正用吊器向洞內抽取時，酒忽觸於燭上，火燄頓起。椰酒之性，較諸歐洲燒酒，尤爲猛烈，霎時滿地着火，船員雖竭力撲滅，終屬無效，闔船爲紅光所籠罩，余等惟生命是顧，竟忘卻箱籠物件，以及公司之貨品矣。

是劫也，公司損失浩大，船中所載肉桂及肉桂油等貨，均足以助火勢之發展，余等離船未幾，火燄已延至火藥房中，火藥數噸，突然炸裂，將船身撕爲片片，擲入空中。噫！吾儕以爲此次出航，竟能平安無事，正相互慶幸之時，忽逢此大禍，生命有莫大危險，不覺喜念頓消，而悲從中來。幸上帝慈愛，不使吾人軀體有所損害。同時鄰近小舟，飛駛前來，將難人悉數搭救上岸，起禍之廚司，被警長扣留，據云被罰爲公司終身奴僕，不得享受任何權利。

事後余奉命至新門（New Gate）附近荷蘭亞堡（Hollandia）中，照料病人，手下有一青年助手。其人本處於丹第克（Dantzick）地方，與余相識，來此後與一亞歐雜種之女子結婚，此女爲第二代之雜種。

所謂歐亞雜種者，卽父係荷人而母係印度人，若歐人再與彼等結婚，所生小孩，稱爲第二代雜種，亦可穿荷蘭服裝。此種人民居於吧城者爲數可數萬云。（註六）

某日，一自由民與余閒談，涉及婚事。彼謂某地有一亞歐二代雜種，擁有家貲四萬盾，欲爲余作媒。余聞其產而竊喜，然嗣又聞伊爲一老婦，係公司某歐官之孀婦，熱望頓去大半。及見面，不獨婚意消散，且對彼介紹者常生憎惡之念。蓋彼婦既形似龐大老猿，復龍鍾若數百年前之古物也。當時余在盛怒之下，大斥吾友，謂余非狒狒，殊不足以作其配；對於婚事，絕不提及一字，怫然返寓。

歐人若欲與上述婦人等結婚，二人須先詣國會主席處，獻呈婚約（由證婚人訂立），請求核准，有如商人獻其貨樣請求註册，然婚約批准後，彼等可於二星期後舉行婚禮。

就余言之，彼妖婦實予余一絕大刺激，且余平素對於婚姻本淡然無意，因吾人結婚後，軀體不能自由，須老死於印度也。余志在四方，最近且有遠遊日本之壯志，豈可爲兒女之深情所牽制哉！余爲欲實現余之慾望，曾百計鑽營，今竟獲成功，卽乘「亞細亞號」於二星期內抵臺灣，然後渡海至日本；此行非短時期可以了結，余當善自準備，以免臨渴掘井之虞焉。

「聖斯蒂芬日」(St. Steven's Day)南風和暢，船員祝禱畢，奉令開船。次晨，經加羅新(Carousing)小島，距爪哇本部已三哩矣。復次日，右望婆羅洲之邊線，左見大馬虎(Temaho)、杜布蘭(Tumbolan)及安南尼布(Ananibo)諸地，吾船航線即在其中。及抵巴剌瓜(Paragoa)，中國已於左方出現，於是轉舵向臺灣進發。惟數日內氣候惡劣，且海中亂石縱橫，舟行殊感困難。更甚者，狂風怒號，波浪千丈，船中螺旋斜杠帆及其他桅杆等，一一吹落。船長處此境地，即與舵手會商「是否轉向右邊小島暫行停泊，可求人與貨之安全。」二人議定後，當即轉舵而行，惟舟中物件，可以應用者，僅主帆一項，且未至其地時，暮色已形蒼茫，而風浪亦隨黑度而增加，闔船生命失其保障。余於此時，亦覺旅行之危險，沮喪之心，從未有若是之甚者。

惟余尚有一線之希望，蓋上帝素以慈悲為懷，曾屢拯余出險，此次諒亦不致使余喪生也。吾船在此情狀中度過一宵，儕輩以為無論如何，終可駛近陸地。黎明時，馬尼拉果在目前，預計距離不過二哩，於是乘曦微之晨光，入馬尼拉灣，船身脫離險境，吾輩乃跪謝上帝活命之恩。

余儕於此從事修繕各項機件，重置新桅。八日後，啓碇出發，時適清晨，天氣清朗，風勢順利。次日，中國又在左方出現，再次晨，臺灣亦遙遙在望。及安抵其地，卽停泊於西蘭堡（註七）之前。船長當卽登陸，諸事於二星期內辦妥。其間余亦在岸上遊覽，惟所見所聞，前人多已道及，余將略而續談航事。

吾船於臺灣出發時，風勢仍極順利，乃沿左旁中國海岸駛行，三星期，抵膠州（註八），停留二日，重行啓程。次日過 Chanquoish 島，在 Fuego 等島間航行；復數日，而抵長崎之長崎港。於是全船人員又向天跪禱，叩謝上帝，於此千難萬險之中，渡吾人於此地。雖然，船身已損壞不堪，途中喪命者十四人，病者二十八人，所受損失，蓋亦非淺鮮矣。

余等因日本人（註九）不准其他民族攜帶教士入境，故將船中牧師留置吧城。每日之禱告，由另一莊重長者執行。船方泊定時，船長卽下禁令，囑將各種書籍，尤以宗教書籍，祕密收藏，以免被彼等窺見，而有性命之虞云。

* * * * *

（註一）素封按此段文字之英譯，與汝梅氏 (Von Roemer) 之荷譯，文字頗有出入。汝梅氏譯文見遠東熱帶醫學會議第四屆大會所出版之 *Historical Sketches—An Introduction to the Fourth Congress of the Far Eastern Association of Tropical Medicine* 一書之第六十二頁至六十三頁。茲錄如次：

「當我們的船靠着萬蘭的大陸，船長先登岸去了。因爲我的腿部腫脹的很厲害，未能上陸，不然我也可以享受漫遊之樂趣了。後來病情逐漸加重，完全不能行動，就差人把我擡上岸。那時腹部也膨脹得好像一隻皮鼓似的。同時全身疼痛異常。如是三星期，當我的船開行時，我也不能起身了，只得留在萬蘭調養。後來變成一個跛子，四肢輕弱的和棉花一樣；足足在三個月之中，鎮日躺在牀上，連將手指舉到嘴邊的力量都沒有。雖是心搏照舊跳動，但我絕不認爲還能保持這條性命。在痛苦特甚的時候，我只求得能早一天安樂的死掉。萬蘭的醫生每天把我運入一間燒灼火爐的房子，讓我在那裏流汗。醫生把我們一羣同病的患者放在一張圓牀的凹處(?)下邊用一列長杌擺成圓形。杌的中間放着一隻大桶，盛着各色各樣已經煎過的萬蘭產的藥草，都是有療治我們沈痾效力的。他又用一條油布（或譯毯子）蓋着我的全身，只留頭部留在外面。房內放了一隻大火盆，煤火熊熊，火中有幾隻三十磅重的大鐵球，燒得通紅。醫生隨後就用火鉗取出鐵球，丟入那隻藥桶之中，於是發出濃屬濃煙。裏時藥臭刺鼻，又熱又悶，害得我死去活來。我想能忍耐住這種治療方法的病人，怕是白不得一。待熏治的手續完畢，醫生把我放在一張蒲席上，吩咐兩個黑色的土人將我連人帶席擡出房外。那時我自覺祇是奄奄一息了。如是被他熏過幾個星期之後，對於藥煙的悶熱氣味，我就逐漸能勉強忍耐了。隨後由勉強忍耐而到加勁抵抗，於是就覺身體壯了許多。再後在熏治之後，又用土油 (*Oleo Terrae*) 抹擦我的兩腳，同時他又送來兩杯苦白蘭地酒或蛇木、混着別的藥草所煎的汁給我吃，——經過這樣種種的方法，我終於被他治愈了。」（詳見

黃素封編譯南洋羣島熱帶醫學史話第四章）

（註二）素封按爪哇土人發見煤油甚早，在歐人未東渡以前，卽已知之，惟此物非由採掘而得，乃由地下所湧出於地面者；土人取爲藥用，名曰 Lantoeng 又因其係從土上所收集而得，遂有 Minjak tanah 之名。Minjak 譯意爲「油」，tanah 爲「土」，均馬來文也。時至今日，南洋羣島仍稱煤油作「土油」。Oleo Terrae 乃 Minjak tanah 之拉丁文譯名，汝梅氏最初考得之，詳見其所著之 *Historical Sketches*, p. 63.

（註三）此人原名爲 John Huyghen Linchoten，著有旅行指南 (*Itinerario*) 一書，荷蘭人及英國人之遠東貿易，慾皆由此書所誘起，請參閱導言。

（註四）卽 Strassburg（斯特拉斯堡），一六八一年曾爲法王路易十六所併呑。

（註五）卽今奧摩斯峽 (Strait of Ormuz) 上之 Bandar Abbas。以前英、荷及法蘭西等國曾在此處設立工廠，專營波斯商業。

（註六）英譯本稱此種雜種人曰 Mastizees。

（註七）堡之英名作 Fort Zelandia，在臺灣島之東南岸，卽今臺灣之舊址。

（註八）原文作 Cuchen，英譯本註爲 Kowchou，今譯爲膠州。

（註九）原文，按係「爪哇人」之誤。

第九章

外船進日本境內之手續——停泊時日婦之賣笑——日人精巧之技術——長崎港海口奇鳥之種種——某船因椰酒而失火——日人之宗教風尙——離長崎港回爪哇中途遇險，「亞洲號」幾至覆沒——作者再離吧城至馬六甲與亞齊，然後重行回航——詳述彼土人民之情形。

吾船方於長崎港下碇，彼日人卽持器械登舟，詳察一周，循例收取帆桅·彈丸，卸置巨礮，纜索攜帶上岸而去。據云凡自外國入境之船隻，統須經此種手續。該地另有英法航船三四艘，亦受此種待遇。惟彼等極有信用，所取各件，於該船離境時，悉數歸還，絕不留藏絲毫。

吾人正擬卸貨時，又有日人一羣，蜂擁前來，攜婦女多名，詢余等欲留伊人住宿船中否？但此方除船長與簿記員二人外，無敢納之者。

船貨均由彼等搬運，蓋每船可得指定之苦力，不勞本船職員動手也。船長到埠後，卽行登陸，惟於每晚黃昏前一二小時，必回船一次，料理公務，而日方亦派專員輪流上船，監視吾人之行動。

日本一切情形別人述及者頗多，余因是書篇幅關係，不能作詳細之紀載，姑述其最重要與最奇特者以告諸位，想必為諸位所樂聞也。

余登陸後，先與同儕至一公共場所品茗消遣，所食頗豐，及在此休息多時，乃開始赴鎮內遊覽。街中多店鋪，陳列各項新奇工藝品，如寫字桌及箱籠等，均用金銀鑲製，式樣精巧，為余從所未見，其間有每件值至數千盾者。日人此項工作，確遠勝於任何印度人民，其機巧精明，於此可見一斑。荷人有諺云：『荷人雖巧，須拜日人為老師，』確非虛語。

至於絲織棉織等品，彼等不必製造，蓋外貨充斥市場，價格之廉，幾與土產品相若。即吾船「亞洲號」所載，亦無非此類物品，以求與彼等交換金銀銅（註一）等器耳。

日人行禮之法，殊為特別，余初甚訝之。就余所知，華人與東印度人致敬時，必合其掌，置於胸前或額上，彼等則除其鞋，用示尊重。若有人接見客人而直立不跪者，必以為大失禮貌。

他國人民，每以秀髮素齒為美麗，日人則否，髮與齒唯漆黑是求，彼等見解適與吾人相反。蓋日人以黑色示喜樂，而以白色示哀傷。且在幼時，將頭髮連根拔去，故頂上所留之者，寥寥無幾。要之，彼國之風俗習慣言語服裝，與他國相差，直不可以道里計也。

日人與韃靼人有宿仇，不共戴天，相遇時必以全力搏殺。日兵上陣後，不准退卻逃散，此隊覆沒，他隊繼進，置生死於度外。其人口之繁多，初非吾輩歐人料想所能及也。

吾儕初至長崎港港口時，即見奇鳥無數，海面幾爲羽翼所蔽。船在其中，似爲彼等所封鎖，惟其性至馴。當吾船來回行駛時，必留一空道。意者此物能如此繁殖，必由於日人禁捕之法令，蓋此邦對於馴良無害之畜類，愛護備至。且政府訂有禁例，不准人民殺食鷄牛等家畜。鳥類既無害於羣衆，又和善宜人，居民向不捕捉，因此遂漸次增多矣。鳥之形色與野鴿相似，但其足與鴨相同。惟野生禽獸，方可捕食。

余正擬返舟之前晚，船中突生事故，緣水手數名，數日前曾留椰酒多份，思合併作一度大飲；乃飲酒之處，黑暗過甚，因燃油燈一具，懸於某吊牀之上。適有一人，醺醺然懶臥牀上，儕輩固請啜飲，杯盞往來，漸入酣境。彼漢舉杯不穩，誤將椰酒半杯灑入燈中，於是火燄頓起。不幸燈之地位，適在杯盤之上，霎時火勢延至牀中，吊牀數具，悉數焚毀，其他水手聞聲急往施救，災禍得不滋延。

當時造禍之人備受桎梏，數日後復依航海公法，當衆處罰。其罰規係每人用錨繩擊股九十下，船長若不予寬待刑罰尚不止此；然彼等已面無人色，此後卧褥呻吟數星期，幾瀕於死矣。

余於暇時，曾往一英國商船中遊覽。時該船適缺　醫士，僅一手不能敷膏藥之小童供職；船主力勸余加入，允給優等待遇，惟余雅不善其言。自顧一生飄泊，命運如此；果中途棄公司而就彼，未免違叛當日呪辭，於心不無介介也。

吾船停泊港內時，死船員三人，木工孩童一人，日人即以小艇載出，投入外海；蓋彼等不願外人與其國人同葬境內，且不准屍體投在就近水中也。某日港內突起大風，吾船四錨，頓失其二，幸風潮不久即息，船始不致覆沒。前述之英國商船，竟爾滅頂，溺斃者七八人，其餘僅以身免。次日余船工匠從事修理機件，余又得登陸機會，作三四日之遊覽。

是時長崎港適有演劇者獻技，其藝確有可觀，手段靈巧，得未曾有；余將擇其要者，以告讀吾書者：

一人以竹杖縛於腰際，直立不動，他人突然躍上其肩，爬登杖顛，彼處預置一圓頂，大如鵝蛋，此人即仰臥其上，挺伸四肢，旋繞三四次，束杖之人，不停來往行動，但絕不以手觸及杖上。此幕之後，第二人以頭着地，兩足翻天；第三者再站於其足心之上。另有一人撐膝穩立他方，又來一漢登其頭頂，倒置而站，兩足向天。最後彼等取出木板一塊，其上密佈銳釘，長約二呎，一人用手撐地，在板上翻過而頭顱不觸釘針分毫，奇矣！此種技術較諸歐人所演者，巧妙多多，故特筆而出之；諸君未覩其眞形，或將笑余言之狂也。

余以此次爲登陸之最後機會，一時受好奇心驅使，即步入日人宗教集會中，擬一觀其特殊情形。不意所見均屬平常，祇有一僧席地而坐，旁圍信徒多名；僧向衆講道，余細聆其言，不解一語；詢諸旁立之人，亦不答復，方知彼等不願與耶教徒談論宗教也。當吾船抵埠時，船長曾嚴厲警告吾輩，不可與日人談論宗教問題；惟余終不能忍耐，有時與此間至友，仍談及之。某日與余談話者，乃一莊嚴沈默有思想之人，其對吾人信奉之耶教，表示十分好感，惟囑余嚴守祕密，否則被人聞知，將有性命之險也。

及吾船行將離埠，余曾至市中購買貨物，但店鋪與貨棧中所陳列者，無一不精巧靈瓏，是以購置之貨，遠超原定限度之外。其貨不特製作精良，價亦低廉，使余甘願出資而不惜。日本工人多貧苦，其生活與乞丐無異；若與以小惠，必感大恩。余以二辨士給一人，彼卽向余屈膝。其中鮮有中產階級之人民，卽商人亦受人之卑視；反之，貴族紳士類多尊嚴高傲，吾人一入其門，卽見其有無上之威儀焉。

吾船滿載銅器、漆器、錢幣及其他日本貨品後，準備出發；日人重行登舟，先就各處觀察一周，然後將礮、彈、槍及帆桅等，一併歸還。次日，當余等離埠時，風勢較暴，港中且有堅冰。

翌晨空中現巨虹，其間現出太陽三輪；其二光不甚強，蓋皓皓獨明者，乃其眞形也。

此後三日，船沿息磨島（Ximo I.）而行，抵一周圍約六哩之小島，稍事停泊，以待順風。船員中之往陸地者，攜歸水禽卵多枚，其大如鵝蛋，味殊鮮美。

次日吾船順風出發，二三天後，忽見洋中飄浮一物，上載飛鳥數百，相互訝異。及近其地，始知此物爲一大魚，鳥類羣集其背耳。此處水深不過十八尋至二十尋，故船行時須用測鉛（plummet）。忽而狂風又起，於是所有帆帳，不得不悉數卸除。

暴風怒吹多時，浪花四濺，船身幾爲呑滅，幸上帝卒救全體出險。惟此後風勢仍厲，吾人祇得在克如絲島（Kruys I.）之旁，下錨二具，暫行停留。當風潮極厲時，一人在主桅頂被風吹落海中，隨白浪飄去，瞬息失跡。按海中公法，若有同儕落海，須放長艇入水搭救，卽有性命之險，亦不能顧及。今此人既已失跡，故此舉可省，就當時事實而論，卽令七八人入海冒奇險，亦無濟於事，無寧失此一人而保全餘衆也。

忽而氣候嚴寒，沙島四周，大雪紛飛，吾船於二日後，始張帆向臺灣行駛，途經大礁，其上水禽無數，余等因乘長艇登岸，捕得百餘頭。若有餘時，必可穩得千餘。彼等向未遭人類之害，不知逃避；卽有藏身窠中者，但其窠均係巖石之罅縫，其間絕無稻草破布之類，故捕捉時並不費力。

日中舵手測太陽高度，因知吾船尚距臺灣四十浬。時氣候甚佳，惟逆風行船，不能急進，後忽轉向，自船之一邊吹來，吾儕乃於三日後抵西蘭海道（Road of Zealand）。在此停留一日半，將米運至岸上，卽於晚間出口，遙擊三槍，以示遠別。槍手射擊之時，將所餘火藥暫置後方孩童手中，適有一水手口啣烟管，蹣跚而來，不意烟草墮入藥中，火藥突然爆烈，該童被炸，拋擲岸上。幸藥量不多，未釀大禍。後失事水手被執覆諸船板，痛受鞭撻之刑。

次日船行於相距半浬之大石間，風勢極盛，如是者凡八天，過馬尼拉島(Manilha I.)(註二)，空中忽現凝如雪之花絮，乘風越南方二哩外之處，飛來稱曰「愛蘭登質」(St of Elyanden)；如飛近船邊，其中之人卽有窒息之患。但吾人卒衝過難關，順風入巴剌瓜海(Sea of Paragua)抵婆羅洲及大爪哇。凡五月而安抵吧城，此又當感謝上帝者也。

吾船抵埠後，卽行卸裝，病人移入醫院，余亦攜藥具登陸。二星期後，又獲航行之機會。航線有二，任擇其一：或乘小艦至巽他海峽，或乘他艦巡行馬六甲與蘇門答臘之間。余擇後者，卽接得該艦委任狀。蓋政府近得密報，謂法英二國人民深恨吾人在萬丹之行動，將遣兵作亂，故特命此二艦出外巡邏也。

余等於蘇島及馬六甲間來回巡查，時或至聖・毛黎士島(St. Maurice)與馬達加斯加島(Madagascar)，數星期仍未見英法人之踪跡，隊長包爾思・凡丹氏(Vander Bors)乃率艦至亞齊，繫駐其地，僅留一舟在外查察，報告消息；全隊十一艘，輪流派出。

吾艦泊此時，突過暴風，被困六日「暹羅號」（Siam）人物俱沒，逃生者不過數人；「西蘭號」（Zealand）失其全部船錨，吹上一礁，余等急往施救，僅獲數人及航回途中救生之二長艇，亦因風擊掃以致破裂，其中一百三十八人同歸於盡。

至於吾船，若不將四倍錨繩緊繞船身，一方用六人盡力抽壓，每十五分鐘一班，以防漏水，亦必爲大浪擊破。同時又有一人管理船舵。吾人更須注意錨纜，以免結紐破斷。最不幸者吾船距陸地不遠，適抗風勢；如在大海之中心，反無如此危險。惟上帝鼎力所顧及之處，無一不安若泰山。六日後天氣轉佳，雲淡風清，余等豈能不跪謝彼蒼天活命之恩德哉！

禱告後，第二要事，卽爲歡飲椰酒。暢敍後，遣使至吧城報告遇難情形；總督回諭，命全艦駛回爪哇，蓋吧城方自祖國來二船，據云並無戰爭之消息；故東印度各地可以無庸防守也。惟英國近向荷蘭索數百萬之巨款，作爲「萬丹戰爭」之損失費，荷人難能允許，故荷英兩國將來之鬬爭，在所不免。

吾船定泊亞齊時，余常至岸上覓取各種鮮果。其地人民之宗教風尙，與爪哇大同小異。余於附近漁人集居一小村內，偶見一異人，其腿與腰同大，翹伸時可以於烈日之下遮蔽全身；然而行動至速，有如駿馬，余喜而按摩之，覺其肉與海綿無異。村內有清流一道，注入海中，其出口距吾船停在地甚近。河旁多奇樹，其果名曰野鳳梨 (wild ananas)，每年結果三次，純熟時味殊可口。

向吧城進發時，全隊現僅存船九艘，凡二星期而抵其地。三日後他艦亦到，余換入「荷蘭號」服務。該船瑣務頗繁，船員多患腿瘦之症，先吾之軍醫在航行時逝世，余所以願繼其職者，因該號已奉諭令，將於日內赴喈厘島也。

船未啓程時，余上岸至老友處告別，遇一新自歐邦來此之烏爾穆人。時適爲節日，因相與歡聚；彼所攜來之消息中，最重要者，厥惟土耳其人於維也納附近大敗一事，聞者莫不歡忻鼓舞。

* * * * *

（註一）素封按英譯本原文作 Copper Stafetiens，未知其爲何種金屬，姑譯爲銅，以待考證。請閱本記第五章註三。

（註二）素封按 Manilha 卽 Manila 一別字，蓋其航程適當「馬尼拉」也。全書所遇之 manilha，在數十次之上。

第十章

船離境抵峇厘：—居民所用致人死命之毒箭—彼等賣身爲奴之習俗—其地奇異之拜物教—婦人與男屍共同焚化之慘劇—食人生番所盤踞之思思島—船離峇厘而回吧城—蘇拉特之行—回航後，作者又至孟加拉、庇固、亞拉干等處—耶利哥之玫瑰。

二日後，余等順風張帆出發，於日沒時過湿羅斯特島(Onrust)，於是沿大爪哇之岸行於脫布•補地島(Topper-hoedie) 與萬丹之間，逕入大海，凡十八日而抵峇厘。當卽於其首鎮之旁下碇，按該鎮亦名峇厘。

當余航行萬蘭與安汶時，船曾於八哩外駛過此處，惟當時風勢極順，船中人祇知向前進發，未嘗顧及此島；否則必如其他船隻，折航此處，以求淡水與食品也。

吾船卸裝後，余等卽與土人交換貨物。彼等善紡織，故所出多絲織棉織等品。

峇厘人係一種強壯民族，膚色較其他印度人（按卽指東方人）稍黑，所用武器，爲弓與箭，平日盛箭於筒，隨身攜帶；敵人被射，箭頭不克拔出，蓋箭頭入肌肉之後，卽行碎裂；且其上塗有毒藥，中者鮮能逃生云。

土人不恥賣身爲奴，甘願隨人流蕩至印度，余以十八大圓購得某商人之少女攜歸吧城，使之工作，日可得二先令或十八辨士之代價。

峇厘人蠻横無知，所信奉者爲至簡單之拜物教。清晨起身，最初所見者，即爲上帝。因是漫無標準，時爲牛狗，時爲飛鳥，甚至有時爲樹木。總之，其四周之萬物無一不可爲其尊神而享受其一日之虔誠禱拜焉。

且土人不知結婚爲何事，男女雜處，繁殖異常，惟男子多認定一婦作爲正式侶伴。惟當此人物化時，此婦須遵守習俗作嚴重之禮節，殉其夫之屍，共同焚化。此種舉動，實爲訂有至尊重至嚴厲之婚約者所不能堪，而彼婦則抱重大之決心，視死如歸，未嘗有絲毫反抗也。其殉夫之經過如下：當男子逝世後，其屍用棉布包纏，置於屋顛凡四五日，婦人卽於是時從事準備，辭別親友，另有專事哭泣之老婦數人日夜嚎啕，更於河邊掘一大穴，中置木柴，然後移屍體其上，燃火焚燒。其婦此時乃與諸親訣別，將親戚託轉冥世親屬之禮物，用棉布裹於身上，乘火勢熊熊時，躍身投入火穴中。

代爲轉交至冥世之禮物，視各人對於已亡人之交誼與關係而定，有給亡妻以金錢者，有餽鮮花者，有贈其他小物者，種類雖多，但彼婦均樂爲轉交。火穴之旁，有人持銅鑼等響器環立，當彼婦投入火中時，鑼聲振天，婦人之號哭慘呼，均不獲聞。且有人將油連續潑入，以助火勢，俾彼婦人可早離痛苦時期也。

及二屍均成灰燼後，乃取出投入海中，親朋號哭送行，大禮於此告成。關於此種殉葬之舉，前人或時人容有不同之描述，惟余所述者均爲事實。

此地豐產佳果，余取而飽食之，覺其對於歐人，有極大裨益，是以此荒蕪偏僻之小島，亦能爲人所愛慕也。抑有進者，此種島嶼，除美果之外，實無他物足以誇耀；一若土地愈荒蕪，居民愈野蠻，而其所產水果亦愈香美，峇厘即一明證。他如食人生番伏居之思思島（Susu），生番相互吞食，戰勝後大開宴會；好望角附近之霍屯督人（Hottentots）盤踞之處，亦未嘗不如此也。余雖離其地，而每懷念及之，覺其氣候情況，對於歐人殊適合，而無不慣之處焉。

吾人正事已畢，束裝離境，無何抵大爪哇海岸，距吧城衹八浬，航行計八日，即抵其地。途中於十六哩之內，可以遥望峇厘之島，如當清朗之日，景色更形明晰。

余登陸後，備受款待，迎入吧城醫院中。該院院長於日前逝世，留有空缺，議會調余升充。余就此重任，手下有主要醫師五人，故所處地位，遠勝昔日，然猶不足引以爲榮。私心所欣幸者，每日有侍奉上帝之機會耳。此間所奉行者，雖爲新教，余亦樂意拜禱，每週三次，聊伸敬仰之微意。惟終願此地能設一余所信仰之路德派教堂，則於望方足。倘能如願以償，余寧老死此鄉，不作歸計矣。夫千百人民，遠渡重洋而臨此境，生活狀況，與祖國相差無幾，宜其樂不思蜀；至其甘冒波濤之險，時懷歸念者，蓋未得信教之自由也。吧城爲著名大城之一，其政治之修明，不亞於其他都會，且居民複雜，除各地士番外，士耳其人、波斯人、韃靼人、中華人、暹羅人、摩爾人（Moors）、日本人、亞美尼亞人、亞拉伯人等，不一而足。然其可以信仰者，僅新教一種。兵士且須於星期日輪流到會祈禱，有官長監視，固不問彼等所信仰者究爲何教焉。

堡中有教堂一所，堡外二所，牧師以葡語或馬來語講道，蓋前者爲市民之通語，後者爲各方民族所共用者也。

雖然，信教雖不得自由，彼束身自守，任流光之長逝，不敢冒險歸國者，亦正不乏人。覆船之新聞，時有傳來，或半隊失蹤，或全數覆沒，彼等之恐慌，乃亦日甚一日。余寓爪哇時，有一友將乘艦回祖國，曾託轉交烏爾穆家信一函；二年之後，得一消息，方知其所乘之艦，半隊於中途沈沒，惟此人得安抵故鄉。後當余正準備返國之時，此友又再度東來，使余大爲驚異，詢之始知祖國氣候，對其身體之健康，並不較東印度者爲佳，彼將終老於此鄉也。

余居院中，除進行指定之工作外，時與自由民相周旋，尤以華人爲多；彼等大量寬宏，和藹可親。爲華人治血症，可得荷幣三四大圓，治療其他小傷，亦輒有四五十盾之酬金。曾憶某次，一華人因被人燙傷而來求治，余當爲治愈，斯不足奇；惟對方凶手所得之刑罰，殊爲奇特，不可不寫出以饗閱者。華人茶肆中所售之茶，量多質美而價廉。某日，余正在肆中品茗，同座之二華人忽起口角。一人以滿盛沸水之茶壺潑其敵手，傷其顏臉各部，余扶之至吾家調治，不數日即愈。此人除慨出三十大圓酬我外，並表示十二分謝意。此後並時邀余至其家，備施款待。彼行凶手罰以「拔鬚」，須擇其最修長之鬚，拔去十二根；否則應付罰金三十金「古巴斯」(cubanz)，約值荷幣三百大圓 (rix-

；dollar）按古巴斯爲大蒙古之錢幣，每個値荷幣十大圓。華人素以鬚爲珍物，不願犧牲，故此人寧保留其鬚而出罰金。此外並須代付病人一切損失費。

是時，適有一巨船將有蘇拉特（Surat）之行，船上一切布置極周，似可以平安無險者，因此余乃請假參加，將應用品搬至船中。船名「給爾得蘭號」（Gelderland），於復活節日之清晨鳴槍三響，告別啓程。惟因風勢過小，及晚方達溫羅斯特島，泊此三四日後，遇微風，乃復啓帆進發，過蘇門答臘，至英加奴島（Engano）附近，微風忽又停止。此時同人厭倦異常，任之漂泊，進行殊爲滯慢，三四天後，英島尚未離眼簾。

方此時也，同事多人，時見一兵士（船中除水手之外，另有兵士十四人）與童子二人舉止失常。監察員特加注意，後發覺三人犯雞姦醜行，當即據情報告船長。該兵係威尼斯人（Venetian）名尼古老（Nicolao），與二童同時被逮。一童年十八，一童祗十二歲，審問之下，即吐供詞，謂自出發時至今，此罪已屢犯不鮮。余與另一主要醫師同列會議，並加檢驗，證明無誤。當判三人同時投海之刑。次晨祈禱後，威尼斯人即被提出，二童縛於左右，同投入茫茫大海之中，可憐哉！

二童殊後悔，與牧師同聲祈禱時，涕淚滂沱，同事鮮有不爲之歎惜者。威尼斯人則坦然自若；行刑之前，站於船板之上，索飲椰酒。船長當卽下諭，任其放量啜飲，並勸悔過知罪，藉修來生之福。惟彼全不之理，於是擲入海中。

另有一人，亦有同樣嫌疑，因執而詢之，據云心存此意而未實行。經余等會議議決，嚴鎖某處，以待放於鄰近烏如（Ouro）小島之上。余等帶此人上島後，留置水、餅、煙草等少許，以作數日之糧，並與槍一具。彼百計懇求，甘願處死，惟不獲許可。

是時風勢轉順，船向前進，發薄暮時光，此島卽失踪跡。遙望錫蘭在右，米德威群島（Maldivy Is.）在左，吾人沿馬拉巴與卑斯那加（Bisnagar）（註一）之海岸線航行，凡五星期而於蘇拉特下碇。

停泊之後，卽行卸貨，藉以留出空地，準備容納其他貨物。船上各「商官」（註二）均登陸赴寓所。此地有公司所設立之工廠，廠中除貨棧等外，並有特別寓所及僕傭等，專備此等官員到埠時之使用。

蘇拉特距吧城約八百浬，受印度斯丹 (Indostan) 王之管轄，一名大蒙古帝國，自尊爲全印度羣島之統治者。

蘇拉特每年所分之季候與他處異，冬季卽爲雨季之別名，若此區於半年間連日下雨，卽爲冬季；他區有淸朗之天氣，卽在夏季；故國中冬夏交替輪流轉換，每日二十四小時，晝夜各半，絕無顯明之異點。

時吾船正從事載貨，惟所得不多，大都爲波斯之錢幣，裝置妥善後，卽順風出發。十四日後，又過馬拉巴海岸，惟已轉向左方，舟經科摩林角 (Cape of Cormorin) 而至加爾港 (Punto de Galle) 之口。該地至爲緊要，船隻就此道者，均須在此攜取飲食物品；吾船亦循例停泊，添置水、食物及其他用品。另有英船一艘，名曰「新納號」(Sina) 自孟加拉而來，將赴波斯海中之喀麥隆 (Gambroon)，亦泊於此。

吾人於港內勾留四日後，乘風而出，次日過千餘小島所合成之米德威羣島 (Maldivy Is.)；復七日，而至烏如島。此地卽余等放棄兵士之所在，船於是稍事停泊，遣人乘長艇登陸，惟遍找不見其跡，余等乃繼續航行，向大爪哇進發。距馬六甲約百浬時，風暴突然停止，吾船不能前進者凡三星期。雖海風微作，使船身來回盤旋，但無濟於事。更甚者，在大海之中，雖無風之時，而波濤仍甚厲，尤以當深不見底之處爲最甚。此老死於陸地者所不知也。昔者，余於寂寂無風之際，每見大浪翻騰，較之狂風怒號時爲甚。船隻裝置不穩者，往往有覆滅之患。不知此種情形之底蘊者，必引以爲奇，顧就老於航海者言之，乃老生常談之事也。

吾人此時所受之痛苦，遠過於風潮至大時所感覺者；及船行至赤道，氣候酷熱，船員病者甚多。當啓程時船長以爲此行甚短，未備充分水料，以致此時既感炎熱，又苦乾渴，幾至悶斃。淡水一口，須代價二大圓，最後水缸用四鎖鎖住，有二卒監守，每人除應得之份外，休想妄佔一滴，而每份之量，又不足平日四分之一。余處此苦境，曾以腰間銀釦二打換水少許；且不時嚙咬木塊，冀得吸收水氣。總之，吾人無不爲獲得多量之飲料，而想盡妙計。此時船中僅剩淡水六甕，余等自知無活命之希望，故多祈求船身沈沒，同歸於盡，惟此時仍不忘上帝遇人之厚，故按日禱告三次，以求救濟。此法果較其他妄念爲靈驗，上帝竟降及時之雨，以解除吾人苦痛。

天空皓月，突爲烏雲所蔽，同人見此情形，預料大雨將臨，可有活命之望，於是張篷帆，繫其四角，置彈丸於中央，以備收集雨水。如此候三小時，氣候轉寒，烏雲凝結，伸手不辨五指，俄而雨點突降，船員歡忻鼓舞，均挺身受之，以溼潤皮膚。初帆中之水汚濁異常，因棄而不用，其後漸清澄，於是收滿罐甕。此時既得充分水料，乃重張篷帆，乘風疾駛。

闔船於慘苦之中，忽轉爲平安快樂，其雀躍之情形，諒可爲讀者所想見；然吾人亦未忘上帝之隆恩，虔誠拜禱，各盡厥心。此後有好風送行，不久抵英加奴島，計航二閱月而過巽他海峽，進達吧城大道。

船長與總管二人，因未備充分水料，犯失檢之罪，被當局質詢後，罰以巨款，指令由其月薪中逐次扣除。

及船抵吧城後，又擬於最短期間赴孟加拉、庇固、亞拉干諸地，因有貨須運輸也。余亦願加入此行，故將行李等物悉數留置船中，僅上岸配製各項重要藥品。一月後，舟即離境，凡九日而至庇固，乃下碇停泊。惟因此間無重要事故，三日後即行出發，赴亞拉干，然後往八浬外之孟加拉。吾船停泊之處，爲交耳河（Chaor R.）之口，該河與恆河相接，約在恆河一哩以外，注入孟加拉海。距此河約八浬之遙有凡爾馬大鎮（Verma）爲一大商埠，船中商人多乘艇赴其地，惟余未同行。

距孟加拉約四十哩，在恆河與波息利斯（Persolis）之間，有地名路馬奈克（Lobanack）產「耶利哥玫瑰」或曰「耶路撒冷玫瑰與貴婦玫瑰」。花色純青，離樹後卽緊捲不放，迨其乾枯浸於水中，可以重行開展，鮮豔如初。此花功用甚大，婦人置於身下（按指私處），易於生產，余自居民處取得無數，不費一文。據彼等所云，是物本係敍利亞耶利哥（Jericho）地方之物，產由其王將種子移來，始於此處繁殖。余於他處確未見之，因擬攜往大爪哇等埠藉資觀瞻，不意抵其地時，花已萎靡而死，蓋士中多硝質故也。

至庇固、亞拉干及孟加拉諸地之詳細情形，余因居留未久，不能一一奉告；惟在彛士哥登氏之旅行記中已有豐富之材料矣。

* * * * *

（註一）按卑斯加那爲印度南部得坎（Deccan=Dekkan）境內之 Vijyanagar 王國，爾時此地人民正遭回教徒及馬哈剌達人（Mahrattas）之蹂躪。

（註二）此處之「商官」，原文實作「商人」（merchant），蓋作者所指之商人乃當日公司中管理商務之上級職員也。（素封誌。）

第十一章

馬斯利巴丹木之氣候——尼古巴羣島四周之險狀——回抵吧城——華人葬禮之奢華——作者與病人間一節有趣之口角結果二人均被處罰——作者至萬丹詳述幼主之從僕及回吧城時之情形——華人風俗習慣數則。

吾船滿載糖、硝、鴉片等貨後，舉帆離境，直指馬斯利巴丹木（Masulipatam），該地受哥爾昆達（Golconda）王之治理。離此不遠之班底波利（Pentipoli）地方王子之宮在焉。

居民多信回教；氣候年分二季，半年中北風緊吹，空氣亦佳，尚有半年南風和暢，惟空中多病菌，易釀惡疾。余等抵其地時，適在後季，多感極大之痛苦，死者九人，餘多患瘧疾及水腫等症，余個人賴上帝之庇佑，幸未波及。吾人處此惡境中，不堪久留，乃草草將各事料畢，即張帆而行。四日後，至尼古巴羣島（Nicobars），又逢大險，蓋海中亂石縱橫，均臥於海面下三四尋之處，而小島隱現，有稍露痕跡者，有全部入水者，險狀百出。吾船未抵其地時，有名「獅子號」（Lion）者，載重四百七十噸，誤觸島上，全船破裂；惟余等幸得安然渡過，道經蘇門答臘及馬六甲而回吧城。余登陸後，重入舊院，暇時每往附近小堡中拜會醫師，堡中如有重病者，彼等棘手不能醫治時，可呈請總督發給證書，將病人移入吧城總院。

惹卡德拉堡（Jacatra）即吧城舊址，亦余時至之地也。附近有地一方，係華人以重價自荷人手中購得，爲其家族卜葬，故稱中國墓地。就余所知，其中較大之墳，築價在三四千盾之間，其建築既不高大，又無裝飾品，僅一至深之穴，四周遍砌方石，牢固精緻，一若屍體入內，將永不得移動。然至其葬禮之種種，前人已先余而述者，無庸多贅。

自此堡至吧城途中，風景清幽，平坦之道路，美麗之花園，在在均足以顯其爲一「人間之天堂」。至吧城者，鮮有人往其地而不沈迷於其景物者。

余曾於其地演一趣劇，可爲閱者告。當時病人之中，有一官員，其人性情乖僻，放浪不羈，不從醫生之勸告，是以藥石罔效。某日正操演軍隊，見余雜於人衆之中，趨前觀覽，此人竟以傲慢之態度，向余招呼，並出不倫之言語，譏余醫術不精，延誤病人。余以厲言作答，謂其言語似狂徒所出；蓋此人終日在花天酒地之中，度不調節的生活，世上實無良醫可治其病。最後更與以直截爽快之結論，謂余所治者，非畜生而爲人類，彼可另求高明。此言係余當衆而出，此人自覺不得下場，因於盛怒之下，卽舉手杖擊余。余見勢不佳，卽與之扭扑，當時因無武器在身，急將其杖奪去，推撲地下。及其翻身而起，旁觀者力事調解，於是一場風波暫告平息。

此事傳至全體官員耳中，頗於此人不利，同儕中且有嘲其冒失者。故此君恨余殊甚，時思報復，余亦預料及於可能範圍之內，終思設法免避之。不意一日在某華人飯店中，仇人竟爾相逢，余斜睨之，見其面容自然，毫無怒意，以爲必將前事忘懷矣。孰料此狂徒飲酒稍多，又現狂態，由諷譏而至謾罵，猶以爲未足，復站於街中，拔出腰刀，作種種不堪入耳之言語，激余出戰。余因職業所限，未帶利器，僅攜一護身短棍（自與彼初次口角後，尤不敢忘帶此物）；最後余不能再耐，遂持棍而出，三數圍合後，卽擂之左方，痛擊其肋骨；惟其仍不讓步，因變換手法，乘隙勒其肩，奪取其刃；旁觀者見勢不佳，遂將醉漢擡入一華人之家中。

此事爲吧城方面聞知，二人頓被逮捕，審判官將案情及證據等審問一過，卽行宣判，處彼漢徒刑三年，罰與奴隸同役，並扣其全部薪俸，分賞夥件。數星期後，彼傷處痊愈，卽執行前判。

至余之罪名，當時未即判決，竊喜自由在望，然轉念對方所得處分之嚴厲，又戚然自危，惟此種疑問，不日即釋。後余之刑罰亦公佈，本人須於惹卡得拉堡衛隊前站立三日，四周懸小銃六具，幷罰去俸金三月。在此期間，應充小軍之職，持短槍，遵指定之時間站守崗位。

此事殊出余意料之外，就事實論，余旣獲罪，自不能逍遙法外，惟余平日不慣此種生活，對此刑罰，大感苦惱，深患槍與人身不能相互連絡，且營中規律彌嚴，將領呼喝作威，更形難堪。但幸友朋輩力事勸慰，並從中斡旋，此後竟得官方頒下赦令，調余還任原職，統計受苦時間，不過二月耳。

復任未幾，前次航行所乘之「蘇門答臘號」奉令往萬丹，將於八日後出發，余準備隨行，藉覩彼土大創後之新猷。啓程前一日，適逢日曜，余首往教堂恭聆康元達先生(Mr. John Conradus)名貴之演說，嗣即辭別知友，乘華舫逕登「蘇門答臘號」。該船滿載糧食，尤多米穀，次晨風勢極順，乃舉帆而行，於當晚抵萬丹大道。余乘第一艇登岸，環顧四方，秩序井然，不復有混亂零落之象。是夜留宿此處，得一消息，謂有爪哇人八名，因於鄉間盤殺荷人，將於次日處死。翌日往觀，四人果裂於刑輪下，其餘四人，背縛投於場外吊橋之下。行刑時外間突發失火之聲，惹禍者爲一蔗房，延及鄰近房屋，是以喊聲再接再厲，州官恐有意外暴動發生，於大街小巷之口，均派雙崗維護，惟火與噪聲不久即止。

余回舟後，探知幼主將於日內往會總督，頗以一覩為快，乃懇友人先期通知出發之日，得報後即行登陸。幼主出發時之儀仗，炫耀華麗，確有觀覽之價值，爰濡筆記其梗概，諒亦為讀者諸君所樂聞也。

王離堡後，四周大小各礮，悉數卸去，安汶人四名手執刀與盾牌，在前領導，繼以爪哇軍隊，及佩長槍（Assagyen）武器之沓厘軍隊。再次又為爪哇人凡六名，掮一莊嚴精緻之寶椅，後隨波斯馬六匹，均配有金銀鞍轡，另有安汶兵四名，執刀斧隨行。於是王太子策馬前來，太子年約八歲，其馬裝飾之華美，實為余所未見，旁圍婦女數百，或持金杯，或捧鮮花，或攜名果，追隨左右，太子過後，王亦乘波斯駿馬，昂然而來。四周除婦女外，並有荷人及爪哇人多名，均持短劍（Krizzen）及長槍等器儀仗亦於此告終。彼主在馬上莊嚴偉大，似為世上無上之尊，其從僕之多，裝飾之麗，尤為路人所贊歎，不過細味其實，此君僅一寄人籬下之亡國奴，一切情形無非虛榮。荷人為博其歡心，作將來之利用起見，故與以此種浮汎之榮華，亦未可定論。

槍聲起時，一人因過於大意，致傷其臂，王聞訊後，躬至醫院慰問，囑醫士善爲療治，出大洋一百圓，（註一）且允於愈後年與彼撫恤金二百圓。由此觀之，王以前雖曾作各種傷天害理暴虐之行爲，然於此亦足見其天性仁慈矣。

萬丹一鎭，戰後何其荒涼，目下何其繁盛，昔日人民有凍餒之憂，今日糧食充市，何患不足，此實可證明戰爭之弊害；吾人觀其今日之進步發達，能不喜形於色，而有感於中哉！戰爭之時，最感困難者，莫如水料之缺乏；曾憶余某次所購之水，其價值與別處之酒價相等，且兵士飲此一口水，至下一小時性命如何，尚未可保；以故劫獲贓特多之輩，如遇存水之處，輒願罄其所有以購，且以交易便宜爲自得，不過其辛苦搶得之物品，終歸烏有矣。最不堪者，軍中常有富藏水料而不願分與別人之事實，兵士處於此種艱難困苦情形之下，不得不取汚濁不衞生之潭水作飲料，其中有含硝質，有含毒素，飲者鮮有不發生疾病者。余將至東印度時，荷人曾與卡底里國（Kartiri）交戰，兵士窘困之狀，達於極點，然而第二戰時，此等兵士中，欣然願往者，又不乏其人，君讀至此，必以爲吾言矛盾已極，實則非也。夫人處於萬不得已之時，有勝利之希望，豈有不願奮身而往者乎？且上次作戰時，某鼓手因幸運而獲巨款，兵士腦筋簡單，觀其坐得千金，豈有不動心者乎？按，該鼓手於前次戰爭中，曾得卡底里王之冕，總督因賞予荷幣三千盾，復其自由，賜給通行證回國。但彼無緣受祿，中途畢命，惟此款仍由公司照付，分給其居住密得爾布洛（Middleburgh）之姊妹，軍中聞知此事者，均懷發跡之希望，以爲彼至少亦可得一金冠矣。

余與同儕三人，亦幾得一大贓，惟因不事搜探，坐失良機。三人者均爲大將之侍衛長，當時與余方至萬丹，頗覺疲憊，忽見一貨棧門戶洞開，乃入内作小睡，以大箱爲牀，四人均未夢想其間藏有珍品也。半小時後，一官奉大將命而來，索取此箱，余等當卽讓出，及工役將箱擡至大將處，啓視之，則有皮袋七百隻，内所藏者均澄黃之古巴斯金（Cubangs）也。此物爲金幣之一，每枚値大洋十大圓（前章已述及），吾人聞知此事，面面相覷，自怨自嗟，深恨當時不應胡亂睡下，應先事搖動，今此偌大寶貨，唾手爲別人所得。然一言以蔽之，大意之過也。

「蘇門答臘號」，行將離境，吾等乃各自回艙，順風擧帆，不日安抵吧城。是時適有七艦，準備回國（此地循例每年遣船回國惟船數多寡無定）。余乘機修書數封，託一友轉交惟荷蘭諸友處，均未收到。但余服務期將滿，與彼等重行把晤在邇也。迨是艦出發後，余復至教堂與衆同祝彼等一帆風順（按船艦出發後岸上往往有此種舉動）。

吾船停泊此處凡三星期，余厭倦莫名。後奉令隨衆乘「峇厘號」小船，至吧城四哩外之小島，伐取木材以便攜赴溫羅斯特島修理其他船隻。該島除木材外，一無長物，余等捕龜爲食，然後載應用物品繞道溫羅斯特島而歸。「峇厘號」船身甚小，駛行河中至爲便利，逕抵吧城堡門。余見軍醫主任之住宅近在目前，乃乘機拜謁，並請派在駛往遠處之船上服務，且該處如爲余以前所未曾至者爲更佳。主任見余去意堅決，遂允之。

主任爲余解釋一切，至爲動聽。余固知陸地之職位，較海中爲優，能於其地有相當固定之職者，亦常爲別人所重視，且余之地位亦已不可謂爲低；惟余素性活動，每喜旅行異邦，藉觀他鄉風物，抑有進者，岸上費用，終較海中爲大，多處一日，即多一日之費用。總之，余無論如何，不願拘泥於一利祿爲三數人霸佔之市鎮也。就事實論，除孟加拉、蘇拉特、波斯之喀朗（Camron）及日本等少數地方外，辦事者久處一地，實少上進之機會。設公司而大開禁門，准其人自由往世界各處，吾恐稍有識見者，將無一願倚此而求銖合之利矣。

如此，余續往「峇厘號」中，及竹布等貨品與錢幣數箱，齊集船中後，余等即下流而行，向萬丹進發；駛行僅二小時，即爲逆風迫回。此風怒吹二日間無歇時，余等以未遇大禍相慶幸，迨風過波平，乃重行啓程，凡四十八小時而抵萬丹大道，當即下碇卸貨。登陸時，瞥見爪哇人數千，集於河口，初未知其所欲爲，大爲驚惶，後行近其地，見荷人亦雜於中，並有鉤網等具，始知彼等擾擾不安者，蓋捕捉鱷魚耳。是時已有數尾上鉤，王亦雜於人衆中觀覽。空中滿佈噪聲，蠢牛輩似具有特別嗓子，所出洪音，振人耳鼓。余與友人昔日嘗作此戲，亦曾捕得多尾；然從未有如斯之噪嘩，捕捉時亦無如是之困難，斯何故歟？

「峇厘號」僅起貨而不載貨，工作完畢，即回吧城；當余等航近溫羅斯特島時，遙聞城中堡中，雙方礮聲隆隆，不知究爲何事；迨到埠停泊，始悉某艦方自波斯之喀朗駛到，傳來佳訊，謂該地總督，與荷方以前誤會之點，現已完全諒解，雙方已正式通行。另有一船，來自荷蘭，亦傳來好音，謂英荷法三國，對於萬丹事件已有和解辦法，不致再與吾國爲難。好報頻來，吧城闔市歡忭鼓舞。街中遍放花礮，晚間燈炬照耀，如同白晝。所謂花礮者，均爲華人之製作品。彼等最喜此物，亦最善製此物，精妙處純令人出神入化，驚歎不止。彼等幷於是時表演喜劇，以娛吾人，亦頗可觀。吾輩德人，除上述喜訊外，並得吾主戰勝土耳其人之消息，是以倍形興奮；余與其他數德人，參加公共娛樂，最爲劇烈，通宵不眠。次晨與衆隨干菲生（Camphuysen）（註二）大將至馬來教堂，同聲禱祝，答謝上帝大典過後，城堡四周，再放排槍一通。

三四日狂歡已過，余整裝返船，照料病人；途遇兵士一隊，穿絲襪，登帆布鞋，搖搖而過。據云將登「福來新生號」（Flessingen）而至喀朗、蘇拉特、馬加蘭（Macaran）等地，接充公司門前守衞之職。惟吾奉勸兵士諸君，切勿作此種妄想，彼等既去，能否完全錄用，實爲問題；蓋此種佳職，豈常人可得，須求來頭大，朋友多，公司蓋故意選出彼等，藉以增加其工廠之信用耳！而彼忠勇之軍人，反派往萬丹、安汶及萬蘭等不健康之區域，跣足裸身，甚或死於非命者。

吾船一再奉令，派往溫羅斯特島載運米糧，當於五六日內，將事辦妥而歸。回航時余又失足落水，幾遭不測；其時偶出納涼，緊懸繩上，此蓋普通之習慣也，不意繩斷而身亦下墜於海中。此時水手不僅不卽設法援救，反掩口憨笑；余性倍急，死力游泳，卒賴吾友擲出之繩，得攀援而上，此余應深謝上帝者也。惟此事雖險，確予余一絕大警告，使余將來更知謹愼，而水夫長亦因此受船長嚴厲之訓斥，並課罰金若干，將來諒亦可忠於職守，對於索纜等件之強固與否，知加注意焉。

到埠後，余復至軍醫長處，拜訪報告，再與一友同赴堡中相識者處晚餐。盡興散後，卽與友乘舫回鎭安息。中途有防柵橫於河心，係用木幹排成，將河口封鎖，禁止雜船通行；岸上設有關吏，見有舟楫蒞至，必先上船搜檢一番，然後依船身之大小，估定應納之通航費，航船須付足此費，始得過關。公司此項收入，年達萬數千盾之巨額云。

次日余等往賭窟一觀其中情形。華人性嗜博弈，多集於此，然沈迷者多一人，則公司利息卽多一分，賭徒蓋均爲公司作嫁耳！其地有專司兌換者一人，由公司派遣，藉以維持場中秩序。博具僅骨骰二枚，賭客每擲必付錢二辨士，由此人爲公司代收。閱者觀至此，必以爲賭者輸錢過多，定有憤怒擾亂之舉動，然吾未之聞也，是以凡身入賭場而不能自禁者，類皆距死期不遠。夫財可迷人，輸錢愈多神經，愈奮人之常情此所以博者非至身名俱喪萬不願中途勒馬也。可憐一般無知之兵士，輒於一晚罄其數月來以血汗換得之薄薪。華人甚至傾家蕩產售妻賣子，割鬚喪身棄其一生於二骰之間，然從未敢在場中稍作逆語斯亦奇矣！余亦不能袖手旁觀，然一霎間已失去銀幣打客洞（Ducatoon）（註三）六七，於是決意離場，永不再來光顧。

此後余小住友人家中，友爲余同鄉卜西伯（Buschbach）君，服務期滿，已恢復自由，家境頗佳。其爲人和善可親，對於自德國方來吧城之同胞尤表同情，樂善好施，從無倦態。在其勢力所可及之處，無不盡力爲人效勞。余不幸，臥病其家，乃不得不致書船長，在余未愈之時，該號若須他航，必先期通知，以便覓人庖代。但上帝錫福，使余不日恢復原狀，然吾友之悉心看護，及其家族之慇懃慰問，其功亦不可湮沒。彼等洵余生平莫逆之良友焉。其屋位於四角地（Vierkant）之上，係一方地，故名。此地適處河口，爲米與其他糧食之市場，居民多就水道載運水果，漁夫多乘漁船，網羅水族。其地且設有小塢，船隻經過，均須靠岸，由衞兵登舟檢查，如有滑逃不來者，該兵得開槍轟射云。

（註一）英本原文作"Piece of Eight"棠封按此爲西班牙之幣名，原文爲 pieza de á ocho，十七八世紀時所通用者。

（註二）按卽於一六八一年至一六九一年任東印度總督之 Johannes Camphuijs 氏。

（註三）關於打客洞，參見本記第三章註九。

第十二章

作者遠航孟加錫，途經耶巴拉，過巴得諸斯羣島——孟加錫之情形——土人爲荷人最忠實之兵士，最馴良之奴僕——黑色與白色摩爾人之尊嚴——作者治愈某貴族之小兒得厚賞——自孟加錫回航時，耶巴拉適在混亂中，起禍者被執而受重刑——荷政府在東印度羣島之權威——到埠——吧城捕魚之情形——海洋深處突起火焰，繼續二晝夜，岸上人預料彼處有重大事件發生，出外巡視，獲數人均已氣息奄奄，乃擕歸吧城——暹羅之行，其地大概情形，及荷人之工廠——回吧城時，鄰舟不幸失火，船中人爆斃殆盡——爪哇人結婚時之普通禮節。

余病後雖形孱弱，顧精神已復原狀，乃銷假回船，然仍不敢遠離牀褥，不敢多費氣力，幸不數日而頓復舊觀，魄力亦漸增加。是時適有命令傳來，調余換乘「泰革號」(Tyger)而航孟加錫，頗爲滿意，當卽接受委狀，隨該號出發。航行未及三小時，突逢暴風，船中主帆傾折，余等驚惶莫名，以爲船身將破裂矣。此後風潮仍繼續不退，船員迫不得已，將機件撥停，盡力收帆。

船長無意再進，下令退回吧城，迨修繕完畢，始重行出發，凡三日而抵耶巴拉。其地距吧城東岸約七十哩，亦在大爪哇範圍之內；以前曾爲耶巴拉強國之京都，現已與萬丹無異，統歸荷人治理矣。其王亦如萬丹王然，徒擁虛銜，實則臣服於荷蘭政府，其情形有如前述。是以此地周圍五百餘哩之大島，悉在公司掌握之中。至其居民之風尙宗教等，亦與萬丹人民相差無幾。

吾人於此備置水料及木材後，張帆離境，第二日過羅卜斯羣島（Luboce）。羣島爲六島所合成，橫臥於吾船左方；爪哇則在右方。後抵馬都拉島，距爪哇約十浬。在此稍停片刻，即繼續前進，乘風過巴得諾斯羣島（Pater-noster）（註一）。其間亂石凸出，小島縱橫，均出水少許，猛浪迫擊其上，狀殊可危。吾船無別路可通，祇得冒險衝過，行時常以垂鉛探測前程。吾人固已小心翼翼，船之擊於石上者凡四次，幸蒙上帝降福，未有損壞。時適烈日施威，海中無兇猛之風，殊利於行，故吾船不數日即抵孟加錫埠。

孟加錫爲一強大之帝國，政治修明，荷、英、丹麥各國人民，均可在此自由貿易，與各屬印度人享受同等待遇；其地在西里伯斯島之上，婆羅洲與摩鹿加羣島則在兩旁。

港中有英船一艘，其上軍醫二名，均已物故。主事者除向余個人商請外，並詣領事處，請求調余他航，惟此事有國際關係，且涉及余之自由問題，此間總督無判斷之權。時彼船實處於萬分不得已之境地，余乃暫爲照料病人，並將一切應用藥品留置若干，且用書面詳述其性質及用法，彼等大爲感謝，餽余厚禮。某晚彼處一土人茅屋（negerij）突然失火，此屋係用竹建成，燃燒時外分光亮，幾使吾人有天光重明之感，不勝驚恐，後始明其眞相。

此島土人遍佈全印度，爲人忠厚和善，勤愼耐勞，各國人民，均喜用之爲奴。其爲兵也，旣勇敢且誠實，實有驚人之奇績，令人稱道贊許，是皆余於萬丹戰爭中所目擊者也。其爲僕也，亦馴良可靠，卽以余之二十僕論，每日可爲余出半打客洞之產品。是以彼等常爲外人所重視，而被認爲東印度出類拔萃之一族，常得優良及仁慈之待遇；至於馬拉巴人，則受人鄙視爲凱非人（Caffers）（註二）之同類，操作最低賤之工作。其人膚色甚黑，每易誤認爲摩爾人（Moors）。（註三）此族原係亞洲民族之一，而散居東印度各處，如猶太人之遍佈全歐然。

所謂眞正的摩爾人者，爲大蒙古帝國之子民，及其鄰近各地如孟加拉、蘇拉特、哥爾昆達（Golconda）等處之居民，彼等鮮有移居國外者，亦絕不願爲別族之奴隸。其膚色有黑如煤炭者，有白如霜雪與歐人無異者，軀體各部，美而勻適，性溫文雅，馴與人交易，公平誠實，洵有大商人之態度。吾所交接諸公，均爲寬宏和善之君子；曾憶廁身萬丹醫院時，某摩爾富人之子，折斷一腿，遍請國內良醫治療，終無大效，致其父不信本鄉之醫士，將彼送至余處，殷勤懇託，囑爲設法，余趨前視察傷處，知無大礙，乃慰老人，謂不日可賴造物主之庇護，將其腿復成原狀。（余知摩爾人最信天神，故特用此語氣。）彼聞言作長揖，舉目向天，余當卽命學徒助摩爾人將其兒之腿骨排好，然後施行最初各項手術，病者頓覺舒適。老人爲之喜形於色，探囊授余西班牙幣（Spanish Matten）二十枚，並謂區區戔數，不足爲敬，僅爲一種鼓勵品而已。六星期後余賴上帝之洪福，將其兒完全治愈，彼不問醫費，慨出古巴斯（Cubanz）三十枚，價値約荷幣三百大圓，尙詢余足否？余謝其厚賜。蓋在國中從未得偌大之醫費也。設吾輩常遇此種病人，爲何不在家享福，而流蕩海外，以求銖兩之生活費哉。

吾船現已準備妥善，待風出發，余亦回船服務，及東風起時，船卽離埠而航，得安經巴得諾斯群島而抵耶巴拉。先吾而來者凡三船，均於三日前自吧城駛來，載有兵士，以平此間亂事。蓋島中荷人與土人二族忽生衝突也。土人戮斃荷人二十餘名，擬殺入三巴拉堡（Sambura），幸賴鎮守使與駐防軍之力，禍事不久告平。罪魁均移解吧城，受相當刑罰，有處輪輾之刑，有遭割鼻削耳之苦，吏鍊鎖送往小島，焚燒石灰，終生爲奴。

余登陸時，此等囚犯，尚未登船，鐵索琅璫，蹣跚徐行，而婦孺慘哭，且號且行，送至岸邊；其音其狀，實令人不忍聞見也！

禍事平定後，公司爲防範將來之叛亂起見，特設防地，於島中重要處所，建築堡壘。夫東印度之荷領土，既廣大無垠，又不相連絡；但禍事之發生，似不多聞，即有小變，亦不滋延，此吾人實不能不驚歎荷蘭政府之智勇謹愼，處事有方也。否則，彼豈能在此據有無數大省（此種省區均非易於治理者）之疆土，統歸己有，而將其間一切君主、總督、官吏之大權，收歸中央政府所有耶？觀其各處特派員之多，直可令人奇訝：據精確之調查，公司除備有大小船隻數百艘外，海陸兩軍之數，蓋亦不下十餘萬之多，其費用固大，其財產亦不可以數計：倘讀者來此觀光，吾敢言凡君足之所至，目之所見，幾無一非公司之物，欲於千種物件之中，擇一非公司者，無論大小，亦屬難遇。

吾人離耶巴拉後，翌日卽抵吧城大道，越一二小時，載犯之船亦到，故余等目擊伊等之受刑之苦。

吾船尙未完全卸置時，海中突現颶風，刮去船鐵錨無數，某二船且被吹至附近島旁；其中一具，因已陳舊，卽時破裂裂爲片片，幸風勢繼續未及半小時而停，故未釀成大災，否則吾恐海中船隻將無一得免於難矣。吾船本有五錨，被風刮去二具，船員二名，適乘長艇在外，怱促間不及返舟，於是纜繩折斷，彼等亦飄流遠去，迨風潮平定後，吾輩下海尋覓，則此二人爲繩索所纏繞，尙未畢命，惟船身則已傾覆。彼等入水多時，其腦漿不爲船身所擊出，又未被鯊魚所呑沒，亦云奇矣。此外小艇及小舫之翻沒者，人民之淹斃者，不可勝數。

翌日，余隨船長及醫士登陸，此數人皆擬是晚勾留岸上，因命船夥歸艙。余亦擬回船，乃勸稍待，及天光昏暗，始共同下艇；時風浪頗厲，船夥等愚憨不懼，仍將篷帆高撐，致船身顚蕩不穩，迨離大船約投石之遙時，竟爾傾覆。余等悉數入海，幸上帝不絕吾命，船中水手，聞聲趕來，將全體搭救回艙。

次晨余方上岸，突遇一狂徒（muck spealer）（註四）咆哮雷鳴，恣意屠殺民衆。及余見此人怒奔前來，卽加防避；但於二十步外戮斃一孩。此徒現今雖槍斃，然統計受其害者已五六人。余其時適在街角狂徒衝過時，幸神明暗護，未遭大難；自此而後，每至灣角交叉之處，余乃知謹愼防範矣。

余居此處逍遙優遊，或釣或獵，或往林中散步，或在河中遨遊，或訪友拜客，消遣光陰，而以泛舟至附近小島邊觀捕魚之日爲多。其間某島之上矗立一中華廟宇，廟旁居一華商，擁有巨產，兒孫滿堂，童僕盈庭。余時往其家治療病人，獲酬頗豐。某晚正告別返寓，遙見火焰沖天，並聞槍聲斷續；既登陸，卽偕友人登高處探望，相互猜測，通宵未寐。及天光破曉，火光始熄，惟仍聞槍聲間作，乃據情報告大將。

大將遣隊長率兵二十名，乘船巡察。及晚，火光又起，槍聲亦現，天漸昏黑而火勢亦漸烈，其地位似較前晚爲近。余好奇心動，商請隊長攜余同往。於是隨衆直指火場而進，及行近其地，瞥見小船一具，中有人身乃呼喚作號，惟彼船雖停射而無回音。余等奇訝之餘，緊駛前進，迨二船相逼，則觸目俱是慘象。彼船共載英人八名，其中三人已斃，餘亦奄奄一息，不能出聲談話。吾人於是載之吾船，再將其「旦各」(Tanges)與「拉來因」(Larines)數箱，一併載上。(按旦各與拉來因均爲英國錢幣名。)於是航回原處，善爲看護，予以各種滋補品；約五六小時後，始一一甦醒，而向吾人縷述其經過情形。按此數君，均係某英船之船員，船自孟加拉來，載有珍品，擬與泊留吧城之英艦相連接，不幸航至英加奴島附近時，突遇暴風，誤觸暗礁，竟爾沈沒。船中共有七十八人，其中十五人擠入上述之小船中，飄泊十餘日，未獲滴水，致一一畢命，遇救者僅吾人所見之五人耳。

余等既得其略情，乃將彼等運至吧城，送往英國會館（English House）。英人感謝萬分，厚待使者，並於次晨賞兵士及隊長禮物各一份。余因有襄助指導之功，亦得酬賚二十打客洞（Ducatoons）。余處吧城時，碌碌度日，乏善可陳；後奉命遷入「北更號」(Bergen in Norweegen)與其他二船同赴暹羅首府奧地亞（Odia），當即準備各項必需品登船待發。時全艦亦已索纜妥當，預計次日即可啓程；乃伴船中名「厄克爾盧號」(Ekersloo)者忽呈罅漏，不得已將闔船貨物卸去，以資修繕，費時不下二星期。

船經修補竣工，各貨重行遷入，吾輩即乘順風舉帆，八日內平安無事。雖然，二三船作如此長途航行，而欲免於災禍，實爲不可能之事。「厄克爾盧號」卒至觸衝沙岸，吾船適在其前，已過險境，及聞後方驚槍急放小舟下水，趨至彼處，發見船已撞進沙中，除非將貨物移出外，船身難以搖動。此時幸風勢不緊，余等可安然處理，迨貨物移出後，乃用抛錨法使船身脫離沙岸；察其內部，則龍骨倘未受傷焉。船中人欣慰之餘，將各貨重行搬入，大難已過，風勢仍利，於是努力前進。

此事發生於通波蘭（Tumbolan）與安拿尼波（Ananibo）之航程中，蓋是時余等正在婆羅洲與馬六甲間駛行也。離馬六甲後，凡三日而臨馬多那島（Maluna），遙見前方三數小船，划行前來，皆爲中國帆船。及晚，彼船過吾船而赴婆羅洲，據猜度所知，係自東埔寨而來無疑。黎明時，另有五艘又隱現於眼簾，約於日中時過吾船，向馬六甲而去。

船抵島邊，吾人即以羅盤測量，知須向北略偏移時，駛入貫流暹羅全境之大川，順流而上，至盤谷（Bontempia）下碇。船長與代理商二人乘長艇逕赴奥地亞（Odia），其間海程約三十浬，迨彼等返船後，各貨始行卸去。

余隨衆登陸，參觀荷蘭工廠，該廠房屋宏大美麗而堅固，令人欣羡不止，代理商人均處其中。上層統爲住所，外表內容，均極莊嚴，下層則爲貨棧，地位寬敞，滿存各項貨品。

奥地亞（Odia）爲一大城，惟民房多低矮，是以寺中浮屠，倍形崇高，全城寶塔爲數可五千餘，觸目俱是，有如冬季之樹林。居民好動，不時於城中移動，初至其地者，見彼等奔走東西，每不解其故，甚至誤認爲暴徒之集合，或其他不正當之舉動，實則此事係普通之聚會而已。城位於湄南河之上游，河中多舟楫艇舫，與尼羅河（Nile）、奈遮河（Niger）及恆河諸大河之性質相同。湄南縱流奧地亞全境，使土地肥沃，物產豐饒；即鄉間僻野，亦有其支流爲之潤澤，其使命實爲上蒼所授予。不獨此也，河水圍繞全境，如一壩園，且常盈溢，政府築塞於旁，敵人鮮有進攻之機會。街衢之間，更多運河，商貨得以流通。吾人處於其地，恰如居於荷蘭鹿特丹城內，可以乘小艇泛游各處。總之，其間景物俱宜，吾敢言東印度境內，無有過於此城之繁盛者。

吾船於二星期間，將存貨全部卸去，滿載鹿皮蘇木（註五）等貨，順流而下，時北風緊作，乃張帆歸航。

次晨風勢益厲，雪花紛飛，吾人於不知不覺之間，幾將船殼撞於陸地，幸賴上帝之力，安然出險。十一日後，至普如奧亞島（Puloaura）休息三日，重行起程。三星期後，抵吧城，停泊未幾，斗見一至慘之景象，有「象號」者，站於吾船之旁，載火藥礮彈，擬作萬丹之行，突然失愼，傾刻間裂爲粉屑，船上八十八無一能逃歸向吾人述其究竟者，一刹那間均爲彈花炸入空中。有人竟飛越吾船之頂，船殼亦然，且因事起倉卒，無奔救之餘地，其狀慘不忍覩。

余未隨衆上岸而往數日前自波斯喀麥隆（Cameron）駛來之船上，蓋其醫師爲余至相知之同鄉，且於萬丹大戰時共嘗辛苦者。二人相見，不勝之喜，寒喧已畢，各述別後所遇之險事。據彼所言，航行頗爲順利；惟於某處僅免於死。其言如下：

「余方抵喀麥隆，卽與儕輩赴廠中約職務有關之人談話；事畢，入公衆娛樂場遊息一小時許，擬返原船。時天光昏暗，歸途突逢剪徑惡賊，爲數旣衆，且備各種武器，吾人赤手空拳，難作抵抗，因卽拔足而逃。惟生還者僅余等三人，流彈雖在飛來，然幸未中吾身。此次活命之恩，要皆爲上帝賜予；至其餘五人之結果如何，至今猶未探悉。」

吾友又爲余述喀麥隆之情形，並謂彼處其地時曾逢一大地震，房屋傾折，死喪不下數百人云。

二人因談祖國近事，驟觸思鄉之念，乃計議行程。蓋余等均已越服務時間矣。談話畢，相偕入艇，先至吾船，然後上岸會軍醫主任，各述歸意；並請派在城中服務，以待回航之機會。主任待吾以禮，允吾所請，囑吾二人共掌前述醫院之事務，余等欣然應命。然後各歸本船，收拾行李，告別同儕，即乘原艇登陸接任。自此小心翼翼，克守厥職，深恐吾輩之計劃不獲成功。

余等居此未久，某船自荷蘭航來，其中除水手外，有兵士二百餘名，悉數登岸；然後赴軍堡前，以待總督之命。異鄉僑民每喜聞其祖國情況，更願會晤相識之人，余亦不能自制，因亟赴其地；此閱者可以料想者也。其間果有熟友一人，係蘇比亞（Suabia）商人之子，久居阿姆斯特丹，故與余有數面之緣。會見後，余即示意歡迎，彼則詳述海中經過，並報告國人戰勝厄多蠻人（Ottomans）之佳訊。

吾人正議論時，總督令忽爾傳來，曉諭三軍，全部進駐堡內，並指定各人之職守崗位。惟新至者例有三日休息之機會，余因偕友遊覽各處，並爲說明一切。一日余等二人赴吧城二哩外之土人村落（Negerij），乘小舫而上，中途忽遇爪哇小船，順流而下，船中土番，亂擊鑼鼓，噪聲振耳。詢之始知岸上將舉行婚禮，所擊者均係樂器耳。吾人於是決意隨之而返，一觀究竟；喜宅在城外約四分之一哩，及至其地，即被邀入室中；其間滿佈花草，地上鋪置草蓆數張，以備踞地聚餐之用。

婚禮各節，前章均已詳述，玆不多贅。禮畢，傭僕拽牛而出，新郎擊畜倒地，新娘則持剪刺其喉，然後輪流割其肉，交與庖人烹煑。一方授以調味之法，並指定某一部分爲余等之食料，顧吾二人實不願接受此種款待，乃謝其厚意而退。

時天已及暮，而新兵第一晚又不可缺席，余因是不得不將原定遊程，改至次日舉行，步回吧城。是晚吧城主席與議員數人，適於總督府內宴會，是以堡門半放，以備送客；此事殊不多覯。

*　*　*　*　*

（註一）Pater noster 島名，在佛羅里斯海（Flores-Sea）中。

（註二）葡萄牙人常稱非回教徒之土著曰「凱非人」（Kaffer），亦拼作 Caffre, Caffer, Kafir, Caffare, Kafer 等，原爲非洲南部之種族名。

（註三）葡萄牙向稱亞洲之回教徒曰「摩爾人」（Moor），荷蘭人亦沿此習。

（註四）見本記第四章註四。

（註五）按英文譯本作 Jappan-wood，乃 sapan-wood 之誤，此木可作紅色染料。

第十三章

彼等至遊戲場，喚爪哇之巴里歌女，歌舞取樂，觀賞術士之巧技——此行之費用——巽他海峽中海盜出沒，官廳遣船巡搜，相互作戰，卒獲劇盜多名，嚴懲之——牙利島奇民至吧城，惟不久卽死——爪哇隱士降臨，暗示總督以爪哇人對萬丹之陰謀：隱士之生活及其他——作者隨衆行獵，偶遇一出亡之荷奴，擒之而歸——數船奉令尋覓一島，據云該島感有磁力，以前曾有船隻被吸至岸，故此行之舟楫，均用木製——爪哇土人多名，設計炸毁萬丹附近之礮壘，被捕正法。

次日余等乘華人小舫，循流而至一爪哇村落。途中川流急而河道狹，一時不愼，船首誤觸石上，致二人同傾水中，耳目均沒；幸河水不深，因無性命之憂。於是划游至岸，將小船推上陸地，然後重行登入，向前進發。

吾人既抵其地，卽入公共娛樂場，該場位於河旁高丘上，四周風景幽雅宜人，茅亭綠樹，更能引人入勝。余等就亭中憩坐，呼僮備菜，所食者均係鄉間風味，如鮮魚、野禽、雞蛋及蔬菜等品，所飲者爲椰汁（Suri），樂何如之。椰汁卽椰果中所含之水，和以蔗糖、香料、檸檬及橘橙等物，卽可成爲檸檬水，一種至佳之飲料也。

余爲款待吾友倍增興趣起見，特喚音樂班及爪哇之巴里舞女等來此奏技。所謂巴里舞女者，均來自巴比倫(Babylon)地方前已談及，(見本記第七章註四及註五)惟今日所喚者乃爪哇土婦，遠不及前述舞女之美妙舞藝亦不高明。若與前者相較恰如舞師之與村婦，推另有術士多名，其藝確有可觀。其靈活巧妙之處有足令人驚歎者。吾人欲詳述其技，確非易事，茲將其中最動人者爲閱者告。

術士共有五名，一人覆臥草薦之上，一霎間撐地而起，移時重行下臥；無何，又如前狀翻起，僅以頭支持全身。奏畢，仰臥地上作魚蝦之跳躍。其餘四人亦獻同樣武藝，惟愈後愈佳。初試已畢，彼等卽取十二層之竹梯一架，倚於一漢之背。第二人疾趨而上，橫臥其頂，第三者亦上升而跨坐於第二人肩膀之間，第四者則攀援而登，以首緊貼於第三者之頭顱上，翻身挺豎，兩足向天。末一人逕站於前者之足上，表演各項技術後，一躍而下。倒豎之人見其下降，突作鯉魚之翻身躍入空中；然後傾坐於站立地上一人之肩上。其餘二人，亦依法躍下，一一疊坐。彼持梯而站者，此時亦援級而上，登其餘四人之頂，以日本語作種種談話，於是全劇告終。至其他技術，亦頗有一談之價值，茲不多贅；要之，彼等所演之藝，皆在歐洲所不得見者。

余二人遊覽畢，即至會計處算賬，結果遊費同計二千餘「布特幾斯」(Butgis)。歐人初見此數，必至驚訝莫名，以為偌大巨款，即不足以款待親王與貴族，諒亦可支付公卿設宴之費用。殊不知所謂「布特幾斯」者，不過一種鉛皮小片，中有孔，每一定數用繩穿繫；荷幣一辨士可換此幣三百枚，是以偌大遊費共計不過十三四辨士耳。惟樂師舞女另須一先令之賞金，此外余等並給獻藝之術士一打客洞 (Ducatoon)。遊畢，乘原船下流而返吧城。

㊄ 是時，巽他海峽中正鬧匪亂，海盜乘小船出沒於萬丹王國中諸河，脫布・補地 (Toppers-boedie) 與小侏儒 (Dwarf in-de-zee) 等小島畔。來往船隻屢受其害，蓋彼等乘機而劫，得贓而逃入莫知其巢穴之所在也。其後更肆無忌憚，逢船即劫；然而公司當局竟作癡聾，不思設法剿討，致禍事愈形擴大。此次「呇厘號」(余曾在內服務) 由此線航赴蘇門答臘之占碑 (Jambi)，因種種關係，下碇於前述島旁，匪徒聞訊，聯隊圍攻，此方雖作強有力之抗禦，無奈寡不敵衆，數小時後，圍船卒為

彼等所佔領船中人被屠殆盡，貨物搶劫一空，同時船身亦成灰燼。

當火焰方烈時，某船適自馬拉巴駛至。「峇厘號」中，尙有二人，因匿於艙下，未遭慘戮。盜去後始探身而出，驚惶失措，正擬投水以免爲火所灼，幸他船之救生艇趕至，得免於死。彼等登船後，逕赴吧城，報告慘禍之經過情形。

公司昔日雖亦耳聞船隻被劫之消息，然因一己無所損失，雅不願掃他家瓦上之霜。迨禍及己身，方知設法處置。總督遣戰艦二艘，率同小船八艘，載兵士出發搜剿。船中需醫師救護傷兵，余與吾友，均已期滿，照例不能作長時期航行；惟此役發生，余等又奉命往船中服務，在接受委任狀之後，即整理行裝，登「錫蘭號」大艦。此艦共載壯兵三百，槍四十八枝，尙有一艦，亦載此數。其餘小船，各容兵六十至七十人，又投石機（Patterero）（註一）約十六具。

全隊過溫羅斯特島後，沿岸而進，航抵萬丹。於是分別停於河口，靠近陸地，並在順風之處下碇。及晚，艦隊分頭並進，且用誘餌之計，遣小船二先行出海，盜若窺見而來施劫，則二艦齊發，截其後路，可將盜船包圍中心。惟二日內猶無動靜，吾船距岸約投石之遙，船下水深僅六尋，絕無危險。次日將暮時，忽見五小船向吾方駛來。余等乃沿岸而進，因天光已黑，祇得向對方直駛，惟仍留意距離，使船身仍不出陸地與彼船之間。

次晨黎明，盜船正航近一小島，距吾先鋒船甚遠，較諸吾隊各船相距爲近，似已識破機密而覓路潛逃者。吾人無法，祇得重行聯絡，八小船駛行較速，齊向彼方追逐；盜雖亦備有快櫓，但卒於日中時爲吾船追及。二隊相距僅四分之一浬，彼等若不屈服，即須作戰。余等所乘之大艦，離盜船亦僅一浬左右，然轉過一小島後，忽失其蹤跡，殊令人焦急。幸小船已開始迫擊，節節進攻，不一刻已擒獲二盜船，聲勢大壯。是時大艦亦探得敵踪，向前猛進，將被擄之船，嚴行看管；其上囚徒，悉數解入艙中。惟吾船正處理該二船時，其餘三船，忽乘機兔逸，吾輩努力追尋，卒迫其後，盜雖作一度強有力之抵抗，終亦屈服。

是役也，官方共死二十八人，傷三十八人；敵方則喪二百名，傷五十餘人，其餘俘擄，均載至吧城。按該盜爲數可九百，其中有荷人凡九，丹麥人凡二，除作戰時所死六荷人外，悉數被擒獲。

全隊奏凱回城，送盜入獄中。審問之下，盜即供出其巢穴位於椒花山之村莊中，其同黨則散居各遊戲場內官方得訊，遣軍水陸並進，三星期後，卽獲數千人，其中大部爲爪哇人云。此等囚徒，或死於輪下，或裂成數截，或受鞭撻之刑，或遭割耳削鼻之苦；三荷人被絞，二丹人被斬，其餘送往各小島，焚燒石灰等物，終生爲奴。至其妻子，亦受同刑，使旁觀者心悸，將來能知所警戒也。

是時吧城海道中，新到一船，係自馬達加斯加而來，攜有聖·加爾島 (St. Galle) 之生番二十二人。伊人醜惡野蠻，較諸好望角之霍屯督族爲尤甚；其言語斷續不能連絡，似小兒之歌唱；頭頂無髮，僅有粗而多痂之糙皮，體雖瘦如柴，而力大於牛，陰部之前，懸野貓之皮，垂至膝部，此蓋聖·加爾多野貓之故也。

彼等被禁，不得自由，如鳥獸之在樊籠，所食者僅生米與生水，乃不數日而一一畢命，豈糧食之過精美而然耶？其人實爲余生平未見之穢物，除頭部外，遍體生毛，及於手足，其臉紅而其齒潔白，其眼大而耳裂五六片；頸與足部束以海草，婦人長闊顛動之胸部，亦以此物遮掩。余以爲世間較此更低下之蠻族，恐不易多得矣。所謂聖·加爾島者，距爪哇吧城凡一千三百哩，離好望角約三百哩，在馬達加斯加島之旁。

此後數月，居於椒花山一山洞中之隱士突至吧城，請見總督，謂有機密事報告，侍者不能傳達。及引見總督之後，二人密談多時；據云其來意，純爲洩露萬丹城中爪哇人陰謀刼寨之策略。總督得報後，致快函與萬丹總督，囑善自防範，免爲他人所乘，且告知此間將遣水陸兩軍移駐其地。

公司對於幼主，懷疑殊甚；以爲彼必與聞此事，後據各方調查，始知誤會，乃重以禮待之。蓋禍首均已緝獲，而彼通同作亂之證據，始終未得也。

隱士不願回山，公司乃勸長留此處，竟得其同意。此人能通士耳其、阿拉伯、波斯、摩爾、中國、馬來及爪哇等七國語言，曾周遊亞非二洲，隱居山穴中已十有五年。山中毒蛇猛獸雖多，而彼竟能泰然獨處，能不令人驚訝耶？

其所著衣服與阿美尼亞婦人所穿著者相仿，故每爲人誤認作女性；況其鬚已連根拔去，雖近其身而不能辨其性焉。其爲人也，莊嚴沈默，寡言笑而富思想，腰間常懸帆布鞋二十餘雙，頭上不戴帽，而纏以長約十二「指距」(ell) 之棉紗頭巾，如摩爾人然。

至其飲食，量雖少而料須佳，飲時必將水料之一部分，傾於彼光赤如手掌之顱上。其住處適在余屋之對面，故余有時得操馬來語與之交談；惟隱士謹愼異常，除講述航海之情形及異國之風物外，鮮肯泛論其他。某日余詢彼何故成爲隱士，彼之答語殊妙，謂「吾之成爲隱士，猶君之成爲醫師」此外不出一聲。

某日余應總督某僕之招，至其寓所，因得一瞻總督花園之景色。其中除奇花芳草與東印度各式樹木外，並有動物園兩所，一畜走獸，一豢禽鳥，厥狀奇特，惟作者拙於筆墨，難能形容萬一；要之世間奇鳥怪獸，多在此中，誠不可多得之名勝也。

遊園後二日，余與吾友及其他二君，出外行獵。循火藥廠而進，約二三哩而至惹卡德拉河上游之鄉郊，乃開始射擊。此處地既曠敞，位置亦佳，因獲得兎雀無數，乃攜至一農村，正擬休息後烹煑享用，乃突見一兎奔入林中。於是囑同伴二人，卽開始烹調，余與一友尾隨兎後，分道追逐。當余馳至一小河之旁，忽見一人面容憔悴，席地而坐，嗟歎並作。余惻隱之心頓動，立時停步不前，詢其所以，知爲落魄他鄉之荷蘭貧漢；復詢彼在此何爲，現擬何往，彼三歎而謂余曰：「先生！吾不知此地爲何處，亦不知何路可以前進，但知天遣先生來此救我。我幸而再得見基督信徒之一面，懇先生在可能範圍之內，引我渡河。」言畢屈膝下跪，余甚憐之。因囑暫留其地，將設法渡河。移時，吾友獵畢返此，余乃至村中借得小船，將此人送至對岸。伊人涕淚交流，熱烈摟抱余懷，表示謝意。余更令渠隨余至餐所，途中述其身世頗詳。友輩見余攜一不相識者返，初甚奇訝，及知底細後，復用好言勸慰，以友待之。此人休息片刻，又爲吾人述其不幸之事。

其人係公司之木匠，參與卡底利（Kartiri）之戰，奉令與同夥三人，探訪該國首府之情形，不幸落入敵手，成爲俘擄，送至多班（Tuban）地方，售與華僑富商。是人適乘其私船而來，既購得彼等四人，卽載至名廣州（Quancheu）之海口商埠，令作苦工。四人隸役七年後，偶得良機，乘小船亡命至馬尼剌，適逢航往吧城之某船，乃換乘之。不意船距陸地僅四哩時，誤觸礁石，遽而沈沒，船中人得免於難者，祇彼一人。吾人耳聞此種慘劇，大爲感動，實有同病相憐之概。

午飯已畢，余等準裝返城，引此人見總督，總督憐其苦衷，予以職位，派在堡中充當槍手，候機提升。

至伊人所述奴隸服役之詳情，此書不必贅述，大概與其他旅行記中所載者相同。有平都・曼德・斐迪南氏 (Terdinandus Mendez Pinto)（註二）者，曾於二十一年之中被擄十三次，被售十七次，其所著之文集中，述各種奴隸制度甚詳。

是時吧城有船三艘準備出發偵探日本北方某小島。據云數年前，曾數次有帆船前往，惟均迷途，或中途失蹤或被磁山吸去。是以此次船隻，爲免避災禍計，皆以木製，亦不用釘鈕鐵器。準備妥善後，當局即出示鼓勵義勇水手，允賞薪俸十二月，半於啓行時發給，半於回航時補足。於是兵氣頓壯，爭先恐後，報名參加者頗多。三星期後，人數已足，計二百二十名，即張帆前行。

該島位於韃靼 (Tartary) 之北，最初由葡人發現，嗣因氣候嚴寒，猛獸四伏，不慣久居而退。惟據調查所得，河流中多金塊，荷人所以甘冒奇險，一再找覓者，此其主因也。此次遠征，成功與否，不得而知；蓋余在吧城時，從未得任何消息也。

萬丹多故，是時又爲敵人暗算，大感不安。其事由約略如下：萬丹稜堡之旁，原有火藥庫一所，時適滿貯火藥，約有一萬噸之數。爪哇人異想天開，自其邊掘土成穴，破牆而進，每日以泥土覆於洞口，人莫能知，即稜堡口站崗之二兵，亦不曾聞絲毫聲響。此人深入庫中，以火藥塞空竹竿中而燃之。於是竹竿炸裂，發出巨聲，且冒火焰，惟旋卽平靜，未延大禍；顧人民惶恐萬狀。軍警遍搜各處，得一竹杖，其中火藥，均已焚毀，以爲可無大事，不意庫門開時，風勢貫通，引火入內，致庫中火藥，悉數爆發。一霎時火光沖天，不可收拾。全堡大礮十六尊，兵士二百名，焚成灰燼。禍事發生後，急訊傳至吧城，總督得報，立遣大軍出發，並令駐萬丹大將與幼主嚴緝兇犯。

不數日後案情大白，爪哇禍首三名，悉數就擒，解至吧城，審問一過，卽吐實供。此三人皆係本案角色，遂判死刑。燃竿導火者，被吊於刑臺之上，自淸晨至薄暮，用火紅鐵鉗灼燙，然後斬成四截。如是處置者，僅一人耳。次日，第二犯亦依法處死。第三者則斃輪下。

吾人晨思暮想之航回祖國一事，爲期現已不遠。及將姓名登記簿册後，又不耐常此坐待，因請爪哇人爲導，擬赴隱士所居之山中一遊。沿途人烟稠密，逆旅櫛比，佈置井然；及抵山之附近，始見荒野蕭條之景。離隱士居處約六七哩，有村落二，分處河之兩岸，遙遙相對。河中矗立高石，上建廟宇，入其內僅見一獨居不出之詩人。據云，此廟每年僅啓放二日，一爲元旦，一爲居民虔敬之穆罕默德節日。屆時信徒入內祈禱頂禮，並作一隆重之遊行。

觀覽一周後，繼續前進至椒花山附近之某村，距隱士居不過二三哩，乃停步休息。是晚，且留宿此處，預備明晨早起，以盡一日之遊興。次日清晨即赴目的地，遙見亂石叢中，洞穴無數，均用人工築成。吾人囿於往日之見聞，以爲此等洞穴必汚穢狹窄，不足一覽；殊不知其構造之精巧，佈置之匀適，在在令人奇訝。有時竟使吾人不能辨其眞僞，每以人造工程誤爲天然也。穴中所居者，爲一種特殊階級之人民，其生活悉倣效祖師平素守身如玉，不敢稍越道德貞節之軌範；蓋彼等以貞節爲幸福，浸假可得上帝之愛護。因以衆視祖師如聖人，尊其言行爲道範，即全國人民亦視彼等爲賢哲，而崇拜之。

彼等所穿之外衣，長大異常，有如阿美尼亞牧師或日本和尚之袍衲然。終日舉手舉目，顯示無意人間。據爪哇嚮導之言，此等人平日以樹根、大豆及果品爲食；每逢節日，則捕集蠅鼠蝎蛛等物，和以其地叢生形似酸膜樹之樹汁，作爲聖餐。隱士處此困苦境中，至死不變其志，因得爪哇人民之信仰。死後列入聖賢，遺體用最隆重最盛大之儀式焚化，凡人能涖臨參加典禮，擲香草於其上者，每引以爲榮。且有數人，以爲愈自克制，愈可得上帝之寵愛；所食者僅青草樹根，且食量極微，致面容慘淡，毫無生氣。人生而自速其死亡，不亦愚乎？

余等周遊後，即返前述之村中留宿一宵。次晨忽忽回城，擬參加各種娛樂，蓋是日適爲總督之生辰也。時風與潮均極順利，因乘小船順流而下；抵吧城時，人民正開始出發，市民及自由民等全體武裝，列隊進行，巡至堡前，迨城中槍礮悉數卸除後，鳴槍數排以誌敬禮；於是各國代表團獻呈禮物，華、暹、日、望加錫、安汶及萬丹等國人民爲首，即平日不能入堡門一步之爪哇人，今日亦追隨於市民及自由民之後，徐步入內。所謂市民與自由民者，係荷、德、英、丹、法、葡等國人民，與土生東印度之基督徒合組之一團。至其禮物，不必細贅，吾人祇知站立堡下之兵士，已得荷幣數百盾，其餘概可想見。

街衢之中，遍放花礮，華人施其最精巧之技術，以娛民衆，三數日內，城中僅聞宴會招待之消息。

荷蘭艦隊現已將各事理楚，若氣候不變，將於二月十二日啓行。吾友與余乃呈請督府，指定服務船隻，當得照准，派於「交易號」(Exchange)中。該船不在吧城，現於溫羅斯特島旁修理。據云本已隨一六八四年十一月二十二日之艦隊歸航，乃因失修作罷；此次奉命，準隨他船共同出發，故吾二人尚有餘時，可以從容整理行裝。

各船均至吧城大道彙齊，出發前數日，船員虔誠祝禱，懇求上帝沿途護佑，勿降危險之災禍。凡荷蘭及馬來教堂中，均有隆重之典禮舉行。禮畢，總督傳點已滿期之士兵，由點名書記官當衆報告。參與此行者，均負槍整裝，鼓號入堡，各將兵器交還庫吏。檢點後每人得荷幣四大圓作爲半年薪資以外之賞金。如有急用，並可預支上款，惟須八折計算，在公證人前簽字訂約後，即可領用。

* * * *

（註一）Patteraro 或 Pedrero 由 Petraria 一字而來，原爲一種投石之槍；後世此字應用甚泛，凡於短距離內殺人之機器，統用此名。

（註二）即 Fernão Mendes Pinto，生於一五〇九年，死於一五八三年；所著印度、中國、韃靼、及日本之遊記，爲葡萄牙最古散文中之傑作。此人爲 St. Francis Xavier 之友，且爲其旅行中之侶伴。

第十四章

著者離吧城回荷蘭——船中頒布法令——船至萬丹，著者登陸後船忽開行，然賴上帝之助，竟能追登前船——艦隊抵好望角——其地之近況，霍屯督族之現狀——離角後入格蘭斯海，遇暴風，受驚四日——船經勃利爾而抵荷蘭之阿姆斯特丹——著者因費用浩大生活艱難，備嘗辛苦，始返烏爾穆故鄉。

余充分備置各項必需品，尤注意於長途航行所不可缺之胡椒、椰酒與煙草之類，並向公司購買瓷器多種，茶葉數磅，布數匹（布名 Murus 與 Parcallen）；其價頗大，均入余帳內。行裝整理畢，即趨知友處辭行。前述之同鄉，設宴餞別吾友與余二人，席間互獻親熱祝頌之辭，彼並出約指與書信託余轉交其妻，並送余至「四角地」，各灑淚分別。余等乃乘小艇登「交易號」。翌日，船中檢點一過，藉悉船員均已齊集，無有缺席者。再次日奉令啓行，入海四分之一浬，重行下碇。

另有一日，專定爲祈禱日，全體人員，不問在陸上或船中，均須循禮而行，及默祝一過，各船船長與代理商等，均應總督之招，出席餞別之宴。席間除領受航行方略外，並宣忠誠之誓。宴畢各返本船，下令順風出發。惟三四日內風勢無定，致各船出發後，重行停泊者凡四五次。性情浮躁之水手輩，不耐其煩，憤怒交作，竟至出不遜之言。吾船船長係一年近九十和藹慈祥之長者，對此頗不謂然。船長重戒之，並嚴厲警告，謂此後再有作如是語者，定當嚴懲不貸。並謂吾人欲遂己願，萬不可有卑劣之行爲；須先虔誠祝禱，動上帝憐恤之心，懇求下降和風，然後再耐心恭候，方不悖乎正理也。

第五晚十二句鐘，風勢轉順，吾船船長爲全隊領袖，下令放射信槍，其他二船聞聲啓碇，隨吾而行；於是三船並帆進發。按回航之時，全隊務須聯絡同行，雖船之速度各異，而速者不能張帆直駛，須卸落篷帆之一部，以待餘船；如不依此而行，各就其道，則當狂風暴浪之際，非致重行聯合不可。

次日船抵萬丹，泊留港口，與前次搜討海盜時駐泊之處，相距僅一浬左右。余隨伴乘小艇登陸，藉訪故友，以資辭別。雖船中總管屢次囑勿上岸久留，余一時竟不得脫身，致返港時人船俱無，據云彼於半小時前已載母牛八頭及糧食而去。余聞言憂懼萬分，卽喚雇十六櫓之輕艇，追駛前往。出萬丹河而入大海之後，遙見吾船正張帆待行，時風勢極佳，傾刻間疾駛而去。顧余因已得其蹤跡，遂鼓勵爪哇水手，努力進行；謂如能追及前船，將於原價之外，另賞六大圓。彼等聞言，興奮異常，施如虎之力手不停划；故於是晚當大船行經小侏儒島(Dwarf in the Zee)時，竟達目的。爪哇人狂歡號呼。余亦喜出望外，不覺隨聲互和；迨已船靠近大船時，急不容待，攀援而上，及忽忙之間，失足下傾，跌入原艇，致一腿受傷；後爲友人擡入艙中，臥病多日。

次日船中宰牛三頭，分賞水手。復數日，過巽他海峽，抵太子島，與護衞艦告別，遣歸吧城。太子島位於大爪哇最遠之一隅，過此卽入大海。時風勢極利，吾船不忍坐失良機，故未在島邊停泊，亦未循例上岸汲取淡水，僅放槍三響，祝來回諸船前途順利。

余等現直指好望角而航，將長艇小船悉數收入，錨碇亦均吊回，準備作長時期的航行。迨不見大爪哇蹤跡後，闔船人員重點一過，計有八十八人。船長一，上級舵手一。下級舵手二，副官二，總攬船務；隊長二，指揮巡哨兵卒，其情形已詳載第一章中；代理商一，簿記員一，書記或幫辦一。上級醫師二（卽余），下級醫師長一；總管一，承船長之命分配船員之飲食；廚司一，廚僕一，礮手一，與四助手共同襄助總管；軍曹一，木匠二，副手三；水夫長一，有侍童；副水夫長一，亦有侍童；監督一，小童四，兵士八，水夫三十二。船中無教士，每日禱告，由簿記員宣讀，另有其他船上之船長一，醫師一，均爲乘客，故無職位。

闔船人員，安然進行，過阿姆斯特丹之聖保羅島（St. Paul of Amsterdam）後，始起疑懼，不知能否安度馬達加斯加或聖·毛黎士之緯線；蓋其地附近，時有颶風怒潮之險，沈沒之船較任何海中爲多也。

吾船雖亦略受波濤之驚險，卒能平安逃出，九星期後，遙見好望角之邊線，闔船快樂莫名。一木工鴻運高照，首先窺見陸地，船長循例與以二枚打客洞及葡萄酒一夸爾，以資奬勵。余等忽忽解下鐵錨，繫以錨鎖，直指二十浬外之桌面灣（Tafel-Bay）駛去。次日，船離其地僅二浬，空中忽飛下鵝毛大雪，惟天氣殊佳，考此處終年暴風怒刮，今日之情形，實異乎尋常也。吾人乘長艇下水，遣櫓手將大船拽入港中，凡半日而工作畢，擇地下碇。於是高撈國旗，堡塔中守望者見此，亦作同樣之舉動。

船長登陸後，向總督報告途中一切情形，港中泊有荷船三艘，係自祖國航來者。英國游艇一具，亦停此處。霍屯督人見吾船靠岸，紛紛攜羊肉果品等物而來。余等享用之餘，亦報以各種禮物。至吾船人員，祇准輪流登陸，水手輩或往林間伐取木柴，或往河邊汲取淡水。

當余登陸時，見城中人煙稠密，中以停泊船隻上之荷兵為多，勇猛粗鹵，精神煥發；蓋此等人自出航以來，從未受驚險之磨折耳！然而病臥醫院中者，亦復不少。余入院參觀，則見病人累累，調查之下，其數可二百左右，且有不能隨船離境者。

及停泊船隻航去後，城內又復舊觀，居民稀少，貨價大落，此眞行樂之時也。余於此居留多日，安適異常，房主為一極誠實之君子，係牛文伯格（Newrenberg）人，以釀酒為業。此人曾聞余之名，故相見之後，好感日增。其女亦然，日漸慇懃，大有留客久居之意。然余歸心如箭，深望重得信教之自由，故摒棄一切雜念。數日後，余所猜度者，果爾實現。蓋房主欲以其女字吾，並告吾卜居此處後之計劃。屋主更謂渴望返視家園，但當其產業尚未授予其女時，必不願離境；蓋公司約法彌嚴，自由民不能自由處置其財產；如欲他往，不能將房屋轉售，須歸還公司，帶歸者不過隨身之動產而已。顧就余言，其女之美貌溫順，均不足移吾之志，故怱怱整理行裝，道謝返船。惟余每自奇訝，如彼房主者，可謂至安且樂，何以仍思還鄉，豈亦因宗教問題耶？

一日，出外散步，循道而進，不覺步至獅子山外四分之一哩之境內，遙見山與海之間，霍屯督族村落零落四佈，於是好奇心油然而生，擬趨觀其人民生活狀況。入其一室，見羣衆沈沈熟睡，有如家類；及醒蜂擁而來，將余圍起。作怪聲，如火雞之鳴。余知無惡意，絕不介意，出煙草授之，彼等狂歡示謝。惟此種厚意，余實不願接受。其人得吾物後，同將私處前方所懸之羊皮揭起，出示其內部，作爲酬答；余既不能堪其獸性，又難受其臭氣，不敢再留，忽忽而去。更有人正準備午飯或吃飯者，（午飯之名，似太尊重，按此種蠻族不配用此名稱。）其食物僅牛皮一塊，置於煤炭之上，使其炭化，更將牛腸內之糞穢擠出，遍塗皮上，使之潮潤，以增其味。待乾後，卽取而切之，分成數段，納入口中。余目擊此種食法之後，幾至反胃，遂加緊足步，疾行而出。出村後逕赴獅子山，山殊壯麗，岩石之上，草色青青，幽美無比。余席地而坐，舉目四矚，遙望海上有船張帆駛來。無何，堡中旗幟高舉，蓋船已臨其境矣。余於是沿岸而返。中途遇一女僕，正用小罐收取沙泥，見余來卽大呼：『先生救我！』(Maridi fini Senior)余立趨其前，見女僕之傍有一大蛇，正呑食一霍屯督幼童，口外僅留二腿，狀殊可怖。女僕蓋恐作第二犧牲品，故作如是呼聲也。余見狀卽拔足而奔；女僕則更形慌張。移時，附近霍人均聞聲出視，及見此蛇，皆不願讓其逃去。一人自屋內取出巨繩一條，打成活結；運其敏捷之手腕，擲於蛇身，繩結正將蛇套着。於是觀衆分作二排，各執繩之一端而緊曳之，蛇身幾截成兩段。蛇喘唏有聲，亦用全力掙扎；惟終不獲逃脫。更有人持大錘來，猛擊蛇頭，不久卽斃。其長達十六英尺。霍人然後置蛇於竹竿上曝之，使之乾燥。

巨蛇旣死，余乃信步而歸，遇霍屯督野人一羣，係自離此處約一百浬之凱非國（Cafre）而來者。據余觀察，此等人若非盲者，必爲目光極鈍之徒，故恆晝息而夜出，與常人迥異。當余在好望角時，嘗遇一人因犯盜竊罪而處死。蓋此人於數日前因未得其王之許可而私竊自由民之牛羊，故處死刑。（按霍屯督人亦有君主，由民衆公舉，實卽其酋長耳。普通五六人中，卽有一領袖掌管一切，屬下人之行動，均須得其許可；公司對此，任其保存舊風，亦不加取締。）臨刑時，此犯之手足縛於一處，懸於半人高之二木柱間，由另一人舉棍擊之。若執刑者猛擊其頭胸二部，不數下卽死。惟此人殘忍異常，最初不擊其要害，務使其氣息奄奄而不卽死爲能事。犯人屍體則繫於林中樹上，留作野獸之食料，慘矣。

余自山上窺見之船，乃英國之游艇。及其抵埠後，卽停泊於另一英船之傍。據該船之船長語余，其航程極爲順利。此船之目的地爲日本，惟須於中途稍事逗留云。總督曾設宴款待英船長，至其他詳情，余則不得而知矣。

三星期後，船員各自準備離境，蓋泊留時期已超越常例一星期矣。吾船船長爲全隊之指揮，即召集會議，討論前途應須之命令。次日再檢閱一過，見船中一切均就緒，僅二人病危。惟此二人寧冒險隨衆返國，亦不願留此常住。

檢閱畢，船長與代理商赴總督處辭行，當晚返船啓行。船出港後，即向西南而航，時正五月二十三日也。

次日，非洲海岸猶遙遙在望，而船中水缸均已封鎖。明令每人每日夜可得淡水一罐，燒酒或椰酒一夸頓。當吾船張帆進發時，一水手突自船底探出，據云彼方自英國隨艇東來，奉命上角汲水；惟抵角後忽生逃念，決隨吾人而返，不願再與英人同行，是以匿留艙下，迨船入大海後，始敢外出。此人係德國漢堡（Hamburgh）人，生性活潑，服務勤勞；即在最惡劣之氣候中，猶能獨守篷桅，故人皆愛之，其所獲物品，亦較別人爲豐富。

十日後吾船駛至聖・希利那（St. Helena）。依據常例，凡船隻自印度航歸者，必於此停泊數日，藉資整理；惟吾船之船長，則因在好望角泊留過久，且一切糧食不感缺乏，無意遷延航程，故命繼續前進，凡十四日而抵赤道。

烈日當空，奇熱不堪。余自出航以來，計過此道凡十二次矣。船長令水手昇舉白旗，召集全隊船長與舵手，謂此行之航線，須與其他東印度歸船所採取者相反。〔其他各船大抵穿蘇格蘭（Scotland）與設得蘭（Hitland＝Shetland）之間〕應繞道設得蘭，穿經非羅（Fero＝Faroe）與費樓（Filo）之間，而沿挪威之海岸進發，以便與衞護之水師相銜接。各船長遵命辦理，惟此令出後，航程增長，船員應得之食料，亦隨之減低，俾可維持較久之生活。

吾人賴上帝之洪福，平安前進；七日後，即過赤道，殊出意料之外。在氣候惡劣之時，船隻過此，往往羈留二三月，既不得徽風，又困於酷熱，船員得病身亡者，不可勝數；而吾船此時患病者不過五人，亦云幸矣。

舟過赤道，入格蘭斯海（Gras-Zee 或 Grass-Sea）（註一）其意即「草海」也，蓋海中綠草叢叢，故有是名。周圍一百浬內，與草地無異；船行其中，如在平地。是時風勢極順，吾輩歸家心切，寧放棄此間美景，忽忽前進，偶拔一草視之，則其根至小而長，與他種植物不同。

不數日後，考吾（Corvo）佛羅里斯（Flores）諸島，均在眼簾，同時北極星亦可望及。船長鑒於途程不遠，令總管將存貨開單呈閱。此時船長發現所存椰酒頗多，於是開始增加每人應得之酒量。不過同儕中臥病不起者，不能自食其分，往往以所得授諸別人，以致酩酊大醉者，輒造禍作亂，觸犯例禁。船中規律本極嚴格，然水手一至目的地附近，每發暴性，爲非作歹者頗多。船長固一忠厚長者，於是命下級舵手終日從嚴監視，阻止越分啜飲之惡習，禍事得以告終。

吾船現在觀看北極星日近，闔船歡忭情形，難以言喻。於是全體同唱讚美詩，詩曰：

「吾儕所見晨星之光明兮，美不勝言！」

惟其時吾人已越過非羅島（Fero）少許，天氣寒冷異常，雖在中夏，非服暖衣，不能坐於船首。且余等僑居東印度熱帶國有年，更感寒氣之厲。此處晝長二十小時，其餘四小時中，太陽垂在地平線之下，但其光仍能迴射而反照一方。故晚間吾人於無論何時，可不借燈燭而能閱讀細字之書。

次日，船長及舵手報告船距設得蘭已不遠，時海中之海鳥及飛魚成羣飛來，頻頻躍入船中，船員則奉令登主桅之顛，窺探前方。及暮，一人發現陸地。觀其山，卽知其地係設得蘭無誤，於是船乘銳風挺進，同儕均眉飛色舞，知離故鄉不遠矣。

翌日余等在陸地一浬之內沿邊而進。過島後，卽見軍艦四艘，斷爲護送之船隻。二隊相距旣近，徽幟更明，此方乃亦升旗鳴槍，且放小艇下水，俾便登入彼船。惟風勢緊急，阻礙前行，而大船則漸接漸近矣。護艦循例將所載鮮食，如啤酒、牛油、乾酪、煙草及白蘭地等移送吾船，於是主帆之旁得有啤酒二罇，分置左右，任人自由啜飲。

惟吾人終不能長此安適，乃樂極悲來，情景頓改。蓋狂風怒刮，其勢之厲，爲吾人途中所未見。船中人正喜故鄉之在望，忽罹天外之橫禍，其悲苦可以想見。夜深矣！風更厲，吾船乃一陳舊之物，頓呈罅漏，船員不得已盡力抽壓。噫！更深氣寒，陰風如刃，吾輩無法可思，但求上帝慈悲，援吾出險。次晨，險狀雖稍減，而風勢仍不退。計吹號四日，上帝始將風波平息。全體於是乃虔誠祝禱，叩謝洪恩。

上級舵手自出航以來，臥病不起，而死於此處者，循例投入海中。

暴風過後，和風續來，不數日將吾船吹送至北岸附近。余等乃轉舵巡航荷蘭，預計三四日內可達麥士（Maes）。途遇漁父，購得鮮鯡數尾。余生平最喜是物，今日得此，口福不淺。漁父之中其一據云已一百四十二歲，吾輩狐疑不信，彼乃出示其日記簿（註二）以證前言。此人舉動活潑，與儕輩無異，誠健者矣。

漁夫等離後不久，一「領港員」登入艙中，謂奉公司之命來此主持船務，原有船長當即離職。船抵勃利爾（Briel）下碇停泊，公司代表（年極長之老人）二人立即登船，召集全體人員，代表公司同人表示謝意，並獎勉吾輩忠勇勤勞，然後復吾自由，且允將薪俸從早撥給。吾人既得自由，乃各乘來此接客之小艇登岸。其他接班之水手，所謂苦力（Sjouwers）（註三）者，亦均登船收拾篷帆，射放排槍。此輩將餘藥燃完，重裝新藥。船中所餘食料，均由彼等收管。至個人之箱籠物件，統入東印度公司貨房，以待檢查。

余在萬丹所受之創，此時復發。二彈在腿中漸起不安。抵勃利爾埠後不多時，創勢劇增，竟至不能行動。幸賴二友之助，擡至一屋，臥病其中，不懌萬分。乃時不吾與，儕輩均準備赴鹿特丹，不得已乃隨衆同往。

抵鹿特丹後三日，余等領得私人之箱籠等件。此時又不得不赴阿姆斯特丹報到，領取應得之錢。途中半爲水道，半爲陸路，余以病不得絲毫安適，所受痛苦，較之海中所受者尤甚。顧余不敢稍怨上帝之無情，蓋彼已屢拯余於九死一生之間也。吾之所以不爲波濤所飄沒，不爲毒蛇猛獸所囓斃，不爲蠻夫野族所傷害，安返基督教之國者，要皆上帝之所賜也。吾體雖病，然精神尙能安慰。蓋七年來未得偶嘗之聖餐，今日重有吾之分矣。故余處此窮困之境內，唯一之慾望，爲一見牧師之面，享受聖餐。此後賴主婦之助，入阿姆斯特丹城中德國路德派教堂牧師與余一動聽之訓話及懺悔辭，並給聖餐，使余精神大爲愉快；余報以打客洞六枚，耶利哥特產之玫瑰花數朵，中國瓷器數種，以資酬謝。

吾病不惟不減而劇增，痛苦日有增加，乃知一己之技，不足以當此重任，因請一內科及二外科醫生代爲治療。由是纏綿牀褥，不能行動。余不得已遂修委託書一件，託人代至東印度公司領取錢貨。余應得之錢，爲數僅打客洞四五百枚之譜，然除東印度貨品數件，足資售賣外，數載血汗，盡在此矣。迨代理人醫師及其他費用悉數支付後，囊中又感空虛；內科醫士之診金，雖不過四十盾，而外科醫師二人，均爲城中名手，爲余撤出二彈，清除碎骨大小凡二十節後，手術費達八十大圓；余之住所雖極窄小，每星期須租金二大圓（Rixdollars）；而藥舖夥計又持發單索錢。總之，此時余如無錢，必不能生活。如是者凡三月，費用已達三百打客洞以上。精神雖稍復原，痛苦仍未稍減。既不能行動，又不能直立，幸厥後漸次恢復，能作緩行，乃決意離境返家。驅車至烏得勒支港口（Utrecht-Port），乘船赴烏得勒支再赴尼萬痕（Nimeguen），然後經克利夫蘭（Cleveland）而至科倫(Cologne)。

抵埠後疲憊特甚，無力再進，勉強勾留三星期，所費不貲；孱弱之軀，四肢乏力，誠鮮有回抵故鄉之望。幸上帝慈悲，又使余復原少許；於是趕往萊因河乘船至馬因斯（Mentz）而赴法蘭克福城（Franckfort）。至此蒙諸親好友在河畔迎接，然余處境若是，何顏接受此種盛意耶！復承親友沿途護送至法蘭克福。抵城後，以事前未得准許，迫留城外二日。時氣候嚴寒，余在船中所衣者僅破舊之襯衣一件。後二醫師前來檢查，並代余至市長處報告；及引余入城，已在深夜。時逆旅已閉，不獲借宿；知友數人乃送余至一私人屋中留宿數宵。在此，日有相識者探望；最後有一友人爲余僱馬車一輛，七日後，載余至晨思暮想之故鄉。家中諸親愛之姊妹無恙，見余歸家倍極親熱，不僅善言安慰我心，尤盡力服侍我病，余之快慰爲何如耶！

九載風塵，僕僕長途，於此告終。此書所記，均爲至忠實之事實；君讀之，不獨可知余所經歷之艱險，亦當敬上帝之美德，及其慈悲濟人，不棄信徒之至意。余一己雖極力讚揚，尤望普天下有生之倫，齊聲同頌，發揚而光大之，幸甚幸甚。

* * * * *

（註一）即 *Sargasso Sea*，在北緯二十五度與三十度，及西經三十八度與六十度之間，其地有海草飄浮。

（註二）英譯本爲 registered-book，按此字亦作「戶籍簿」「註冊簿」等解。

（註三）Sjouwer 一字據 Calisch 氏一八七五年出版之 *Dutch-English-Dictionary*，解作「船塢上或船中之苦役或擔夫」。

航行東印度六年間日記